相続対策は
自分のために考えよう！

常識を変える 生前贈与 の活用法

税理士
村上 正城
Murakami Masaki

アニモ出版

相続対策は自分のために考えよう！
常識を変える生前贈与の活用法

も く じ

2章 暦年課税のポイントと注意点

4章

非課税贈与のポイントと注意点

5章

相続税の税務調査と狙われる財産

6章

生前贈与に関する誤解・勘違い

9章

贈与×生命保険＝老後＆相続のセット対策

エピローグ 〜むすびに代えて〜

◎相続対策に必要なもの。それは３つの可視化です　203
◎「言うは易く、行なうは難し」想いの共有化への提言　205

カバーデザイン◎水野敬一
本文DTP＆図版＆イラスト◎伊藤加寿美（一企画）

プロローグ

思い込みをなくすと、相続対策が変わる！

「相続対策の常識」
という非常識を
はずしましょう！

相続対策はもっと自分本位でいい

 「相続対策の常識」という非常識をはずす

「相続対策は家族のために行なうものだ」

「相続や贈与の節税対策を積極的に進めたほうがいい」

「老後のために手元にお金を持っておくべき」

相続対策を考えるときに、よく目にするフレーズです。どれも当たり前で、相続対策の常識のように思えます。

でも、実はこれらは、すべて間違っているんです。実際、このような思い込みや勘違いが、相続対策の本来のあるべき姿を歪めてしまっています。

- 相続対策を始めようと考えているものの、具体的に何をしたらよいかわからない。
- すでに相続対策を進めているけれども、あまり上手くいっていない。

こういった悩みをお持ちの方は、一度 "これまでの常識" を横に置いて、新しい角度から相続対策を考えてみることをおすすめします。

 相続対策が進まないのは順番ミスが原因

相続対策を考えるとき、多くの方が「誰にいくら残すか」という点からスタートします。家族を思う気持ちからつい、自分

の希望や願いが後回しになりがちです。

しかし、同時に「自分の老後は大丈夫だろうか」とか、「これからの生活でお金はどれくらい必要だろう」といった不安も常につきまとっています。

そんな不安を抱えながら、「家族のために」という大義名分のもとで相続対策を進めてしまうものですから、具体的な方針が決まりづらく、結果的に、対策の一歩目を踏み出すのが遅くなってしまうのです。

相続対策は自分ファーストで

相続対策で真っ先に考慮すべきは、「**自分のこと**」でなければいけません。

なぜなら、相続対策とは、**自身の人生の総決算**に他ならないからです。したがって、これからの生活で実現したいことや、必要な準備は何かを考えることこそ大切です。

自分の未来に安心できるから、家族のことを気にかける余裕が生まれます。「家族のためにいくら残すか」は、その次のステップです。あなたにとっての「家族のために」は、あくまでも「自分がやりたいことの１つ」でなければなりません。

究極の相続対策とは、**自分が幸せになること**です。残りの人生を自分らしく、幸せに過ごすための準備です。家族のため、子供のためだけではなく、自分のための人生を設計し、そのうえで家族を考慮することが、最も効果的な相続対策となります。

自分のことを最優先に考えて、やりたいことを思い切りやっていく。相続対策はもっと自分本位に考えてＯＫです。

0−2

家族は誰も
節税のことなんて気にしていない

 相続現場で判明した驚愕の事実とは？

　私は勤務時代も含めて20年以上、相続を中心に仕事をしています。事前の対策はもちろん、相続税の申告から税務調査の対応まで、多くの場面で相続に携わってきました。これらの経験を通じて確信していることが1つあります。

　それは、「**相続の現場で、家族は誰も節税のことなんて頭にない**」ということです。相続が始まった際に、家族の方々は、節税のことよりも他の事柄に気を取られています。

 節税なんて、相続対策で本当に重要なのか？

　相続の際に、家族が節税のことを気にしていないなんて、意外に思われるかもしれません。もちろん、すごい資産家や大手企業の一族のなかには、生前から資産の推移や税金のコストを緻密に分析されている方もいらっしゃいます。

　しかし、そんなのはごくごく稀なケースで、一般的な家族の場合は、相続が始まったときに、節税効果のことなどまったく考えていないのが現実です。

　この驚きの事実を知ったとき、「家族が気にもとめていない節税対策は、はたして本当に必要なのか？」と疑問を感じずにはいられませんでした。

 相続の現場で家族が節税のことを気にしない理由

　相続の現場で、家族が節税のことを気にしていない理由は、

大きく2つあります。

　1つは、**節税効果を直感的に感じにくい**点にあります。

　節税効果を把握するためには、「いくらの税金がいくらに減ったか」を知る必要があります。しかし、多くの場合、家族は対策前の税金がどの程度だったのかを知りません。さらに、財産の一部分を引き継ぐ各相続人にとって、節税効果が具体的にどの程度だったかは、正直なところ、あまり関心がないのです。

　そして、もう1つの理由は、**相続手続きの煩雑さ**です。悲しみが癒えないなかで進めていく相続手続きは、心身ともに大変です。そのような状況で、さらに時間と費用をかけてまで、節税効果を検証しようと考える家族の方もいらっしゃいません。

　実際のところ、相続の現場では、100万円の節税効果を知らされるよりも、相続人が10万円ずつ余分に現金を受け取れたときのほうが、家族は確実に親に感謝の気持ちを抱きます。

 ## 相続対策は相続税を減らすゲームではありません

　多くの家族が相続の現場で困っていることは、節税効果ではなく、おおむね次の3つに集約されます。

> ①相続財産がわからない
> ②財産が上手く分けられない
> ③必要なお金がすぐに使えない

　税金の負担を減らす工夫は大切です。しかし、それ以上に大事なことは、**節税した後にそのお金をどう活かすか**にあります。せっかくですから、家族が本当に困ってしまう部分をしっかり対策していきませんか？

0-3

使えない老後資金は
「持ってない」よりタチが悪い

 「40−70」から「60−90」の時代へ

　この数値は、昭和の頃と現代の相続時の平均的な親子の年齢を示しています。

　昭和の頃は、70代の親の相続に対して、相続人である子供の年齢は40代でした。ところが、いまでは、90代の親の相続に60代の子供が相続人となっています。

　こうした変化から見えてくるのは、**伸びた老後をどう生きていくか**という課題です。具体的にいえば、老後を生きていくためには、**資金の確保が欠かせない**ということです。

 老後資金の法則〜「ある」ではダメ〜

　老後資金は、持っているだけでは足りません。大切なのは、実際に使える状態で保有できているかどうかです。

　その際に、よく耳にするのが、「大丈夫。お金は持っているから！」とか「いざとなったら、不動産を売ればいい！」なんて言葉です。

　しかし、これでは「持っている」ことにはなりません。なぜなら、銀行口座からの引き出しや、不動産の売却手続きが行なえず、いざというときには使えない恐れがあるからです。

　それでは、その「いざ」とは、どのようなときでしょうか？それは、たとえば、認知症で意思の疎通が難しくなってしまったような場合などです。

認知症リスクを無視することはできません。超高齢化社会である現代において、認知症の患者数は増加しています。

お金を持ってはいるのに使えない状態は、まさに「持っていない」のと同じです。むしろ、お金が「ある」のに「使えない」ほうが、余計にタチが悪いです。

資産管理の変遷と現代の取扱い

昭和の時代は大らかで寛容な時代でもありました。

しかし、令和のいまは、多くの事柄が変わっています。特に、資産管理の扱いは大きく様変わりしています。かつては、銀行や郵便局の窓口で、通帳と印鑑さえあれば、誰でもお金を引き出せる…、そんな時代もありました。いまではもちろん、許されません。

不正防止やプライバシー保護からは、大切なことなのかもしれません。しかし、個人の資産管理としては、本当に不自由極まりないご時世になっています。

令和時代の相続戦略

これからは、老後の資金を確保するだけではなく、それを確実に使える状態で準備しておくことが対策には求められます。そのための手段としては、「**家族信託**」や「**任意後見**」、「**生前贈与**」などが考えられます。

家族信託は、資産を信託して管理し、所定の条件下で自分や家族に受益させるしくみです。一方、任意後見は、自分が判断能力を失った際に、事前に選定した人が財産管理などを代行する制度です。

また、生前贈与に関しては、相続時精算課税制度を活用した老後資金の管理と運用も非常に効果的です。

自分ファーストはOK！
でも、自分勝手はNG

相続対策は親が勝手にやるもの？

相続対策は、自分本位でOKです。

まずは、自身の意向や願いを明確にすることが大切です。**自分の望みを優先して考える**ことからスタートしましょう。

ただし、相続対策を1人で進めることは避けるべきです。なぜなら、つなぐ相手がいるからです。ですから、相手が受け取れないバトンを独りよがりで渡してしまうことは避けましょう。

相続対策は親が勝手にやるものでも、親にやってもらうものでもありません。家族全員の協力と理解が必要です。

そのためには、コミュニケーションが不可欠です。「親の心、子知らず」や「子の心、親知らず」、これらの言葉が示すように、家族間でも考え方や意見が一致しないことは少なくありません。

望まれないプレゼントを渡さない

相手のためと思って行なった行動が、相手にとって迷惑だったなんてことはありませんか？　実は、相続では不動産などをめぐって、よくあるケースだったりします。

- お父さんは、不動産収入が生活費の足しになるだろうと考えて、子供に所有する賃貸物件を残してやりました。
- 一方で、子供は、築年数が古く空き室リスクのある物件

など希望しておらず、現金での相続を希望していました。

相続の前に親子で話し合いができていれば、他の選択肢も考えられたかもしれません。しかし、事前にコミュニケーションが取れないと、よかれと思った行動が、行き違いや好意の押しつけになってしまいかねません。

こういった事態を避けるためにも、**定期的な対話の機会を持ち、相手の想いや要望をしっかりと理解する**ことが必要です。

想いがわかれば最適なタイミングで応援できる

家族へのサポートの価値は、提供するタイミングによって大きく変わることがあります。

子供や孫の教育費やマイホームの購入、さらには事業展開のための資金援助など、それぞれのライフイベントに応じたサポートができれば、最も価値のある応援といえるでしょう。

事前の意思の疎通が円滑に行なえれば、さまざまな形で最適なサポートの方法を模索できます。

たとえば、父親が子供をサポートしたいと思っていても、老後の資金を考慮すると、すぐの大きな援助は難しいとします。

しかし、相続の際にまとまった資金を渡せる予定があるならば、その旨を子供と共有することで、いまは子供が自分で資金を捻出し、将来の子供の老後資金を親がバックアップするといった対応も可能ですね。

0−5

解説しといて何ですが、何が何でも贈与ではない

 相続対策の本質とは～これまでのおさらい～

　相続対策は、自分自身の幸せが最優先です。そして、相続で家族が気にしているのは節税のことではありません。そうであるならば、**家族の支えになる対策**をやっていきましょう。

　加えて、私たちは、昭和の時代とは異なり、長い老後を考えなければなりません。重要なのは、その期間の生活資金の「持ち方」です。使えないお金は「持っていない」のと同じです。したがって、老後のお金の準備は重要です。**どう準備してどう持つか**が課題です。

　さらに、家族を経済的にサポートするなら、タイミングや方法が大切です。適切なタイミングでの支援は、お金や資産の価値を高めます。それを実現するためには、なんといっても、**家族とのコミュニケーションが不可欠**です。

 生前贈与の活用とその背景

　本書は、何が何でも生前贈与を推奨するものではありません。重要なのは、ご自身や家族のニーズに合った**最適な対策を選択**していくことです。その手段の１つが生前贈与ということです。もし、目的の実現のために生前贈与が最適な方法なのであれば、積極的に活用していきましょう。

　そこで、生前贈与を効果的に活用できるように、制度やしくみ、国の思惑、失敗事例や税務調査の様子など、これらについて次章から確認していきます。

1 章

令和6年（2024年）から
生前贈与が変わる！

生前贈与が相続財産に加算される期間が延長されます！

令和5年度税制改正から透けて見える国の思惑とは？

　令和5年度税制改正において、贈与制度が改正されました。税法には、常に国の明確な意思や方針が反映されています。それでは具体的に、どのような点に課題を感じ、国は改正を行なったのでしょうか。

老老相続がヤバい

　日本は高齢化が進んでいます。その結果、多くの資産が高齢者の元に集まってしまっている状態です。

　そして、故人と相続人の双方が60歳以上のいわゆる「**老老相続**」と呼ばれるケースが増加し、国はこの状況を憂いています。なぜなら、若い世代の人たちへ全然、資産が移転できていないからです。

　本来、若い世代の人たちにお金や資産をたくさん使ってもらうことで、日本の経済は回転し、活性化するはずです。

　こうした事情から、もっとタイムリーに次の世代へ資産が渡せるようにしたいと、国は考えています。

贈与税のしくみがヤバい

　日本の相続税と贈与税は、社会的な資産の再分配において重要な役割を果たしています。特に、高齢者が保有する資産を次世代へ移転させることは、社会経済の持続的発展にとって欠かせない要素です。

　しかし、現行の贈与税は、相続税に比べて税率が高く設定さ

れています。これには、相続税の回避を目的とした贈与の悪用を制限する意図があります。

　しかしながら、皮肉なことに、この税率構造が、生前贈与の促進を抑制する結果となっているのは否定できません。

資産の移転時期で税負担が変わるのがヤバい

　そこで、国は資産の早期移転を促進するために、「資産移転の時期の選択に中立的な税制の構築」を模索してきました。

　これは、生前の贈与であっても、亡くなった後の相続であっても、資産移転のタイミングで課税負担が変わってしまうのは適切ではないという考え方にもとづくものです。

　要するに、資産をいつ移転しても課税負担が変わらなければ、早い段階で資産移転してくれると期待したのです。

　そして、**相続税と贈与税の一体的な課税**に向けて協議を重ねた際に注目されたのが、相続時精算課税制度の利便性の向上でした。

格差拡大がヤバい

　国はまた、贈与制度を利用することで生じる格差拡大の問題についても注視しました。現行の贈与税には、110万円までの基礎控除があり、10％〜55％の累進税率が適用されます。

　ところが、相続税率よりも低い税率で贈与を繰り返すことで、税の軽減効果が生じてしまいます。特に、資産家の人ほど大きな節税効果があることから、他の納税者との間で格差が広がってしまう恐れがあるのです。

　そこで、この問題を解消すべく検討が重ねられ、相続税・贈与税の改正にカジが切られました。

実は20年以上も前から
一体課税の構想は存在していた！

 国の考えはブレていない！

　実は、国は20年以上も前から一体課税の話をしています。そもそも、国が最初に「一体課税」って言い出したのは、なんと、いまから20年以上も前です。

　2002年（平成14年）って、どんな年だったかというと、相続時精算課税制度の導入前年になります。相続時精算課税制度は、平成15年からスタートしました。

　ということは、相続時精算課税制度を導入する時点で、すでに一体課税の構想を持っていたことになります。それが示されているのが、2002年の税制調査会の資料です。

 すでに20年以上前に「一体化」の文字が！

　右ページに、当時の資料の一部を掲載しました。2002年6月の政府税制調査会の資料です。

　この資料の冒頭で、いきなり「**相続税・贈与税の一体化**」といっています。繰り返しになりますが、これは、2002年の資料です。そして、「相続税・贈与税の累積課税化も含め、両者を一体化する方向で検討する」としています。

　さらに、「次世代への資産移転の時期の選択に対して中立性を重視する観点等から贈与税を見直すことの必要性」について言及し、資産家に対する租税回避防止の対策にも触れています。

2002（平成14）年6月税制調査会
「あるべき税制の構築に向けた基本方針」（抜粋）

四　資産課税等
1．相続税・贈与税
　（3）贈与税の改革の方向性
　　［1］相続税・贈与税の一体化

　高齢化社会の到来につれ、生前贈与の社会的要請も根強い。かかる観点から、相続税・贈与税の累積課税化も含め、両者を一体化する方向で検討する。

　累積課税化の方法は、一生累積課税方式と一定期間累積課税方式の二つに大別されるが、いずれの方式も、納税者、執行当局の双方に財産の長期管理を要求する仕組みである。したがって適正な執行を確保する上では、その導入に当たり執行当局のより一層の機械化の推進、立証責任の転換や除斥期間・時効の延長等の検討、納税者番号制度の導入など、長期にわたる財産移転の記録、確認、名寄せ・突合等が可能となる環境整備が必要不可欠となる。

　それまでは、二つの累積課税方式のいずれについても完全な形で実施することはできない。生前贈与の必要性の程度、国民の財産保有のあり方等を踏まえ、今後、累積課税のための仕組みをどのように整備していくのかを検討すべきであろう。これにあわせ、次世代への資産移転の時期の選択に対して中立性を重視する観点等から贈与税を見直すことの必要性を踏まえれば、暫定的な措置の導入を検討すべきである。

　なお、相続税・贈与税の一体化や暫定的な措置の検討に当たっては、贈与を管理する期間が長期にわたること等により、一部の資産家を中心に計画的な租税回避行為を誘発するおそれや、執行の困難性に伴う課税の脱漏のおそれがあることを踏まえ、十分な方策を講じる必要がある。

20年以上前に改正が行なわれなかった理由とは

　しかし、ここまでいっておきながら、当時は、贈与税の改正に踏み切りませんでした。その理由が、前ページ掲載資料の中段あたりに次のように記されています。

> 執行当局のより一層の機械化の推進、立証責任の転換や除斥期間・時効の延長等の検討、納税者番号制度の導入など、長期にわたる財産移転の記録、確認、名寄せ・突合等が可能となる環境整備が必要不可欠となる。

　つまり、相続税・贈与税を一体的に課税していくためには、財産の長期管理をしていかなければなりません。それを行なうためには、長期にわたって財産を追いかけることができる環境整備が必要不可欠になります。

　しかし、現時点では、当局の機械化の推進や納税者番号の導入など、技術的な問題で対応が難しいとして、当時は断念したわけです。

 ## 環境が整ってきた？

　でも、いかがですか？　機械化の推進や納税者番号の導入というのは、ＫＳＫ（国税総合管理）システムやマイナンバー制度、デジタル庁の発足などといった具合に、着々と環境が整いつつあります。

　そこで国は、「そろそろ大丈夫なんじゃない？」と考えて、贈与税改正にカジを切り始めたとしても、不思議はありません。

令和５年度税制改正までの経緯

税制大綱では次のように表現しています（下線は筆者）。

【平成31年度税制改正大綱】

　今後、諸外国の制度のあり方も踏まえつつ、格差の固定化につながらないよう、機会の平等の確保に留意しながら、資産移転の時期の選択に中立的な制度を構築する方向で<u>検討を進める</u>。

【令和２年度税制改正大綱】

　今後、諸外国の制度のあり方も踏まえつつ、格差の固定化につながらないよう、機会の平等の確保に留意しながら、現行の相続時精算課税制度と暦年課税制度のあり方を見直し、資産移転の時期の選択に中立的な制度を構築する方向で<u>検討を進める</u>。

【令和３年度税制改正大綱】

　今後、こうした諸外国の制度を参考にしつつ、相続税と贈与税をより一体的に捉えて課税する観点から、現行の相続時精算課税制度と暦年課税制度のあり方を見直すなど、格差の固定化の防止等に留意しつつ、資産移転の時期の選択に中立的な税制の構築に向けて、<u>本格的な検討を進める</u>。

【令和４年度税制改正大綱】

　今後、諸外国の制度も参考にしつつ、相続税と贈与税をより一体的に捉えて課税する観点から、現行の相続時精算課税制度と暦年課税制度のあり方を見直すなど、格差の固定化防止等の観点も踏まえながら、資産移転時期の選択に中立的な税制の構築に向けて、<u>本格的な検討を進める</u>。

暦年課税の改正内容
～加算期間の延長は65年ぶり！～

　令和5年度税制改正で、暦年課税の加算期間が延長されることになりました。加算期間の改正は、なんと65年ぶりです。

 相続前贈与加算制度の改正

　生前贈与が相続財産に加算される期間が3年以内から7年以内に延長されます。

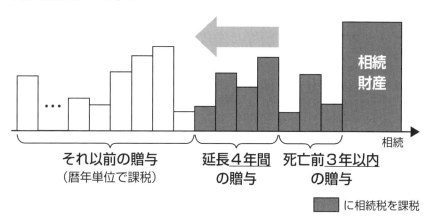

それ以前の贈与
（暦年単位で課税）

延長4年間
の贈与

死亡前3年以内
の贈与

相続

相続
財産

に相続税を課税

・加算期間を7年間に延長

・延長4年間に受けた贈与については総額100万円まで相続財産に加算しない

（財務省の資料より）

【贈与税】（従前から変更なし）

　1年間に贈与により取得した財産の価額の合計額から、基礎

控除額110万円を控除した残額に、税率（一般税率または特例税率）をかけて、贈与税額を計算します。

【相続税】

　相続または遺贈により財産を取得した人が、その相続開始前７年以内（改正前は３年）に、被相続人（亡くなった人）から贈与により取得した財産がある場合には、その取得した財産の贈与時の価額を相続財産に加算します。

　ただし、延長された４年間に贈与により取得した財産の価額については、総額100万円まで加算されません。

　令和６年（2024年）１月１日以後に、贈与により取得する財産に係る相続税または相続税について適用されます。

 加算対象期間

　具体的な贈与の時期等と加算対象期間は下表のとおりです（R＝令和）。

　加算年数は徐々に延長されていきます。令和８年までは３年ですが、そこから、じわじわっと延びていって、令和13年以降は７年となります。

贈与の時期		加算対象期間
～R5/12/31		相続開始前３年間
R6/1/1～	贈与者の相続開始日	
	R6/1/1～R8/12/31	相続開始前３年間
	R9/1/1～R12/12/31	R6/1/1～相続開始日
	R13/1/1～	相続開始前７年間

1-4

相続時精算課税制度の改正
～業界激震！ 基礎控除の創設～

　令和5年度税制改正で、相続時精算課税制度についても基礎控除が創設されることになりました。したがって、令和6年1月以降は、110万円の基礎控除が暦年課税制度と相続時精算課税制度の2つ存在することになります。

基礎控除110万円の創設

　改正後の相続時精算課税制度のしくみは、下図のとおりとなります。

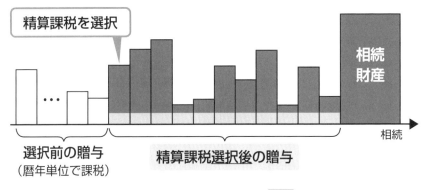

選択前の贈与
（暦年単位で課税）

精算課税選択後の贈与

■ に相続税を一体的に課税

- 毎年、110万円まで課税しない
  （暦年課税の基礎控除とは別途措置）

- 土地・建物が災害で一定以上の被害を受けた場合は相続時に再計算

（財務省の資料より）

30

【贈与税】

　相続時精算課税制度を選択した受贈者（財産をもらう人）は、特定贈与者ごとに、1年間に贈与により取得した財産の価額の合計額から、基礎控除額（110万円）を控除し、特別控除（最高2,500万円）の適用がある場合は、その金額を控除した残額に、20％の税率を乗じて、贈与税額を算出します。

【相続税】

　相続時精算課税制度を選択した受贈者は、特定贈与者から取得した贈与財産の贈与時の価額（災害で一定の被害がある場合には、贈与時の価額の再計算後の価額）から、基礎控除額を控除した残額を、その特定贈与者の相続財産に加算します。

　なお、令和6年（2024年）1月1日以後に、贈与により取得する財産に係る相続税または相続税について適用されます。
　また「特定贈与者」とは、相続時精算課税制度を選択した者へ贈与した者をいいます。

 贈与財産の再計算の創設

　相続時精算課税制度で贈与により取得した土地または建物について、令和6年1月1日以後に災害で一定の被害を受けた場合には、相続時に加算される土地または建物の価額は、贈与時の価額から被災価額を控除した残額とすることができます。

贈与時の価額 － 被災価額 ＝ 相続時の加算価額（※）

（※）改正前：財産の評価は贈与時点での評価で固定。

国の狙いは何か？
令和5年度改正にみる国の本音

 暦年課税の加算期間が延長される理由

　生前贈与加算の目的は、「相続直前の節税対策」の防止です。つまり、「駆け込みの節税対策は認めない！」というスタンスです。贈与財産が加算されることで、相続税の計算上、対象期間内の贈与による節税効果は無効になります。さらに、令和5年度の税制改正により加算期間が延長されたことで、より課税が強化される方向へと進んでいます。

 相続時精算課税の基礎控除創設の理由

　一方、相続時精算課税制度には、新たに110万円の基礎控除が設けられました。こちらは暦年課税とは異なり、基礎控除以下の贈与について、相続時に加算する必要は一切ありません。

　基礎控除を導入した狙いは、相続時精算課税制度の推進にあります。要するに、国はこの制度をもっと多くの人々に利用してもらいたいと考えているのです。そこで、制度をより魅力的にするために「持ち戻し不要の基礎控除」という甘いニンジンをぶら下げて、テコ入れをしたわけです。

 趣旨に反してまで推進を勧めたい理由

　しかし、この相続時精算課税制度の基礎控除を利用することで、「相続直前の節税対策」ができてしまいます。相続が近いと予想される人が、子や孫への基礎控除の範囲内で贈与すれば、贈与税はかからず、相続財産へも加算されません。改正を協議

する段階で、国は「税制における財産の移転時期の中立性」を方針に掲げていました。しかし、基礎控除を利用することによって生じる課税負担の差は、この考え方と矛盾しています。

　そこで疑問なのが、なぜ国は「相続直前の節税対策」を事実上、容認してまで、相続時精算課税制度を奨励したいのか？

　その答えは、事務の効率化と税務調査の強化にあります。

 ## 相続時精算課税が税務署の作業効率を向上させる理由

　過去の贈与状況の確認は、非常に手間がかかる作業です。私たち税理士も、相続税の申告書の作成時には、多大な時間と労力を費やしています。とはいえ、この作業については課税当局も同様で、彼らにとっても大変な作業となっています。

　課税当局には、事務作業の量を減らして、もっと税務調査の時間を増やしたいという希望があります。そこで、納税者が相続時精算課税制度を選択し、届出書を提出すれば、その納税者については、「過去に、贈与を行なっている」前提で、税務調査が効率的に行なえるようになるのです。

 ## 暦年課税は辛口、相続時精算課税は甘口の理由

　つまり、相続時精算課税制度を選択するということは、「生前贈与を行なった」と税務署に公然と宣言するようなものです。そして、この宣言は後から取り消すことはできません。したがって、税務署側は「贈与が行なわれたかどうか」ではなく、「その贈与は正しくできているか」の視点で調査を行なうことができるのです。

　つまり、令和5年度の税制改正の真の狙いは、相続時精算課税制度を通じての贈与事実の一層の把握と、それに伴う課税強化（税務調査の強化）にあるといえるでしょう。

今後はもう暦年課税に有利な改正はあり得ない?!

「相続税・贈与税の一体化」は本格化していくか?

　暦年課税では加算期間が延長され、相続時精算課税には新たな基礎控除が導入されました。これらの改正を受けて、2つの贈与制度は、徐々に一体化の方向へ進行しているように感じられます。しかし、この先、この2つの贈与制度がさらに近づくのか、しばらく現状維持なのかは現時点では不明です。

　国も改正後の状況を精査し、検証を重ねたいと考えているはずです。したがって、数年以内に大きな改正が再び行なわれることは、そう容易には想像できません。しかし、全体的な流れとして、改正の方向性が暦年課税から相続時精算課税へのシフトであるならば、令和5年度の税制改正はその第一歩であり、今後も何かしらの改正はあるでしょう。

　ただし、そのように考えると、今後、暦年課税の使い勝手がよくなって、いままで以上に利用を促進するような改正は考えにくいかもしれません。

贈与制度をより深く理解するために

　どのようなシナリオが贈与制度のこれからに待ち受けているかはわかりませんが、私たちが贈与を実行する際には、贈与制度の詳細や注意点をしっかりと理解しておくことが非常に重要です。そこで、次の章からは、贈与制度の具体的な内容やポイントについて確認していきます。

2 章

暦年課税の
ポイントと注意点

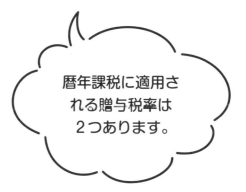

暦年課税に適用さ
れる贈与税率は
２つあります。

絶対に押さえておきたい！
暦年課税のキホンのキ

 毎度おなじみの「110万円贈与」

　「暦年贈与？　110万円贈与のことでしょ！　知ってる、知ってる！　やってる、やってる！」

　暦年贈与の正しい名称は「**暦年課税制度**」といいます。それでは、どんなしくみかを改めて確認しておきましょう。

 暦年課税の「暦年」とは

　暦年課税の「暦年」とは、「1年」という意味です。1月1日から12月31日までの間にもらった財産の価額が、110万円を超えなければ、贈与税はまったくかかりません。

　しかし、1年間の間にもらった財産の価額を全部合わせて、110万円を超えてしまった場合には、その超えた部分に対して、贈与税がかかります。同じ年に複数の人から暦年課税で贈与を受けた場合には、それらをすべて合算して贈与税を計算します。

 贈与税は誰が払う税金？

　贈与税は、もらった人が払うルールになっています。

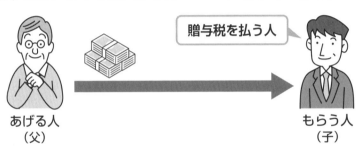

贈与税を払う人

あげる人
（父）

もらう人
（子）

　左ページの図でいえば、お父さんから贈与を受けた子供が贈与税の納税義務者となります。

 暦年課税制度の計算方法

　贈与税は、次のように計算します（税率については2-3項参照）。

$$\left[\,課税価格 - \begin{array}{c}基礎控除額\\(110万円)\end{array}\,\right] \times 税率 - \begin{array}{c}速算表の\\控除額\end{array} = 贈与税額$$

 暦年課税活用の絶対法則～贈与年数を分ける～

　暦年課税制度の贈与税は、贈与財産の価額が高くなるほど税率もアップするしくみ（**累進税率**）になっています。

　したがって、同じ金額を暦年課税で贈与してもらう場合は、贈与する年を何年かに分けたほうが、税負担は少なく済みます。

　たとえば、お父さんから子供が600万円の贈与を受ける場合は、贈与が行なわれる年数によって、最大で68万円の贈与税の差が生じます。

◎父から子へ600万円を贈与する場合の贈与税額◎

贈与年数	1年あたりの 贈与金額	贈与税額の 合計	差額
1年	600万円	68万円	――
2年	300万円	38万円	△30万円
3年	200万円	27万円	△41万円
6年	100万円	0円	△68万円

本当に知っている？
暦年課税の対象者

 誰にあげても、誰からもらってもOK！

　これは、暦年課税の最大の特徴といってもいいでしょう。この暦年課税による贈与は、誰にあげても、誰からもらっても大丈夫です。

　ところが、相続となると、そういうわけにはいきません。なぜなら、相続には順番があるからです。

 相続の基本ルールとは

親　　　①　　　子　　　②　　　孫

　相続というのは、原則として、相続人にタスキを渡していきます。つまり、親から子へ、子から孫へといった具合です。

　それでは、息子のお嫁さんに贈与するのはどうでしょう？

　「うちは息子のお嫁さんがよくやってくれているから、財産を渡してやりたい」

　もし、お父さんがそう希望したとしても、残念ながら、息子のお嫁さんは相続人ではありません。

　息子の配偶者（お嫁さん）に財産を渡してあげたいのなら、遺言書を書くとか、生命保険の受取人にするとか、養子にする

とか、そういった手続きや対策が必要です。

でも、そんな面倒なことをしなくても、暦年課税であれば、簡単に財産を渡してあげることができます。

 ## 暦年課税で財産をもらえる人

子（相続人）	子の配偶者	孫（成人）	孫（未成年）

年齢制限なし！　誰でもOK！

暦年課税であれば、本当に誰にでも贈与で財産を渡せます。

子供の配偶者、OKです。かわいくて愛しい孫も、もちろんOK！　甥っ子、姪っ子も大丈夫！　叔父でも叔母でも兄弟にだって贈与できます。

誰でもOKとは、赤の他人でも大丈夫ということです。ですから、もし、差し支えなければ、筆者の私に贈与していただいてもかまいません（冗談ですが）。

暦年課税は、贈与相手がより取り見取り。渡し先を工夫することで、相続や老後対策のバリエーションが広がります。

 ## 未成年でも大丈夫！

ちなみに、孫が小さな未成年でも大丈夫（6-3項参照）。

「孫でもいいの？　でも、ウチの孫は1歳ですよ」

まったく心配ありません。暦年課税に年齢制限はありません！何歳でも大丈夫。赤ちゃんだってOKです！

2-3 驚きの事実！ 暦年課税に存在する２つの税率

　暦年課税に適用される贈与税の税率は、受贈者（財産をもらう人）の年齢と贈与者（財産をあげる人）との続柄に応じて、２つの税率が用意されています。

 特例税率（特例贈与財産用）

　18歳以上の受贈者が、直系尊属（父母や祖父母など）から贈与を受けた財産（特例贈与財産）に対して適用される税率（下表）です。

　父母もしくは祖父母から18歳以上の子や孫への贈与が対象です。配偶者の父母や祖父母からの贈与は対象になりません。

　なお、18歳以上かどうかの判定は、贈与を行なう年の１月１日時点の年齢で行ないます。

基礎控除後の課税価格	税率	控除額
200万円以下	10%	——
400万円以下	15%	10万円
600万円以下	20%	30万円
1,000万円以下	30%	90万円
1,500万円以下	40%	190万円
3,000万円以下	45%	265万円
4,500万円以下	50%	415万円
4,500万円超	55%	640万円

一般税率（一般贈与財産用）

特例税率に該当しない贈与に適用される税率（下表）です。
未成年の子や孫、夫婦、兄弟姉妹、義父母などが対象です。

基礎控除後の課税価格	税率	控除額
200万円以下	10%	——
300万円以下	15%	10万円
400万円以下	20%	25万円
600万円以下	30%	65万円
1,000万円以下	40%	125万円
1,500万円以下	45%	175万円
3,000万円以下	50%	250万円
3,000万円超	55%	400万円

 特例贈与と一般贈与の両方の適用を受ける場合

たとえば、自分の父から400万円（特例贈与財産）と、義理
の父から100万円（一般贈与財産）の贈与を受けたケースの贈
与税額の計算は次のように行ないます。

1）もらった贈与金額をすべて合計します。

　　500万円－110万円（基礎控除）＝390万円

2）それぞれの税率で按分計算します。

　　①父：特例税率

　　（390万円×15％－10万円）×400/500万円＝38.8万円

　　②義父：一般税率

　　（390万円×20％－25万円）×100/500万円＝10.6万円

3）両方の税額を合計します。

　　①38.8万円 ＋ ②10.6万円 ＝ <u>49.4万円</u>

2ー4

必見！
相手次第でこれだけ変わる贈与税

受贈者ごとに金額に応じた税額を試算する

　それでは、以下の４人の受贈者について、暦年課税による贈
与税額を確認してみましょう。

● A）子（相続人）：特例税率
● B）子の配偶者　：一般税率
● C）孫（成　人）：特例税率
● D）孫（未成年）：一般税率

子（相続人）	子の配偶者	孫（成人）	孫（未成年）

A	**B**	**C**	**D**

◎暦年課税による１年間の贈与税額◎

年間贈与額	310万円	410万円	510万円	610万円	相続時加算対象
A	20万円	35万円	50万円	70万円	○
B	20万円	35万円	55万円	85万円	×
C	20万円	35万円	50万円	70万円	×
D	20万円	35万円	55万円	85万円	×

それぞれの贈与税額の計算式

1） 年間310万円贈与のケース

特例税率および一般税率

（310万円 − 110万円）×10% = 20万円

2） 年間410万円贈与のケース

特例税率および一般税率

（410万円 − 110万円）×15% − 10万円 = 35万円

3） 年間510万円贈与のケース

①特例税率

（510万円 − 110万円）×15% − 10万円 = 50万円

②一般税率

（510万円 − 110万円）×20% − 25万円 = 55万円

4） 年間610万円贈与のケース

①特例税率

（610万円 − 110万円）×20% − 30万円 = 70万円

②一般税率

（610万円 − 110万円）×30% − 65万円 = 85万円

 検証結果

　年間贈与額が410万円を超えない限り、贈与する相手が誰であっても贈与税額は同額です。年間贈与額が410万円を超えてくると、贈与金額に比例して、特例税率と一般税率の差額も大きくなっていきます。

　また、相続権のない受贈者は、贈与財産の加算対象外です。

　上記の試算結果で考えるならば、暦年課税による高額の贈与を実施する場合は、特例税率が適用できて、相続時の加算対象ではない成人した孫への贈与が効果的といえます。

2-5

多くの人が誤解している 生前贈与加算の落とし穴

 生前贈与加算とは

「生前贈与加算」とは、相続開始前 3 〜 7 年以内に、暦年課税制度により贈与を受けていた場合に、この贈与財産を相続財産に加算して、相続税を計算する制度のことです。

なお、加算された贈与財産について納めていた贈与税があれば、それを相続税から控除することができます。

 加算対象となる期間

令和 8 年までの加算年数は 3 年です。そして、令和 9 年から年数は徐々に延長され、令和13年以降は 7 年となります。

さらに、令和 5 年度の税制改正により延長された期間、つまり、相続開始前 4 〜 7 年以内に行なった贈与については、総額で100万円まで加算されません（下表の R ＝令和）。

R6年	R7年	R8年	R9年	R10年	R11年	R12年	R13年
3年	3年	3年	R6/1/1〜相続開始日				7年

 基礎控除以内の贈与分も加算の対象

相続開始前 3 〜 7 年以内の対象期間に該当する贈与財産は、延長部分の100万円を除き、金額に関係なくすべて相続時に加算されます。たとえ、基礎控除の110万円以内の贈与で、贈与税が発生していなくても、それは加算の対象となります。

ちなみに、110万円を超える贈与を受けたにも関わらず、申

告をしていなかった贈与財産も、もちろん加算対象です。

 ## 生前贈与加算の対象となる人

①相続や遺言により財産を取得した人

相続の際に何か財産を受け取るかどうかで、加算対象者になるかどうかが決まります。

したがって、**相続人であっても、相続や遺言で何も財産を取得していなければ、生前に暦年課税で贈与を受けていても、加算対象にはなりません。**

②みなし相続財産の受取人

「みなし相続財産」とは、民法上の相続財産ではありませんが、相続税法上は財産とみなして課税されるものを指します。生命保険金や死亡退職金などがこれに該当します。

相続や遺言では財産を取得していなくても、生命保険金を受け取っていれば、生前贈与加算の対象者です。

③相続時精算課税制度の適用者

相続時精算課税制度を適用した人は、相続や遺言で財産を取得していない場合でも、対象者になることがあります。

たとえば、相続開始3年前に暦年課税で100万円の贈与を受け、その翌年に、相続時精算課税で1,100万円の贈与を受けていたようなケースです。

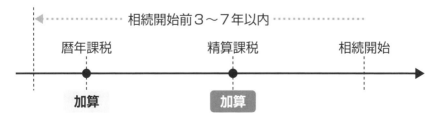

2-6

相手選びで上手に対応！
生前贈与加算の攻略ポイント

生前贈与加算の対象にならない贈与相手を考える

　相続財産に加算される贈与財産は、相続または遺贈により財産を取得した人が、相続開始前3～7年以内に暦年課税により、贈与を受けた財産に限られます。

　言い換えれば、相続または遺贈により財産を取得した人以外への贈与財産は加算されません。そこで、贈与する相手を「相続または遺贈により財産を取得しない」子の配偶者や孫にすれば（下図の●印の人）、加算の対象から外すことができます。

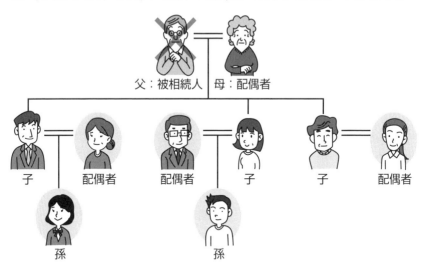

　ただし、次のような場合には、子供の配偶者や孫であっても、加算の対象者となりますので、ご注意ください。

- ●遺言により父の財産を取得する場合
- ●父の死亡保険金の受取人になっている場合

父：被相続人　母：配偶者　子　配偶者　孫

- 子に代わって代襲相続人になった孫
- 被相続人と養子縁組をしている孫

　子の配偶者や孫に対して、遺言や生命保険などで財産を残す場合は、総合的な視点からの対策の検討が必要です。

 後でモメない贈与の配慮を

　一部の子供や孫だけに高額の贈与を行なうとか、兄弟のなかで特定の人が何度も贈与を受けているなど、贈与の金額や時期、対象者に差が出てしまうと、「どうして彼（彼女）だけ？」と不満の原因にもつながりかねません。

　もちろん、贈与する側にも事情や想いがあります。経済的に困っている子供を支援したい、治療費をサポートしてやりたい、面倒を見てくれた子に多めに贈与したい、などなどです。

　こうした贈与が、家族間のトラブルの原因を生まないためにも、贈与の意図や考え方をしっかりと家族に伝えておくことです。そのためには、**事前のコミュニケーションが不可欠**です。

 別に加算になっても、損するわけではない！

　生前贈与加算は、贈与がなかったものとして、贈与財産を持ち戻して相続税を計算するしくみです。しかし、生前贈与加算で加算されたとしても、それは暦年課税での贈与をしていなかったのと同じ結果になったにすぎません。

　つまり、何も贈与してなかった状況に戻っただけです！　損をしたわけでも、増税になったわけでもありません。

　ですから、加算リスクを深刻に考え過ぎる必要はありません。贈与は積極的に実行していってください。

暦年課税の究極奥義
2つの「分ける」で倍々効果！

　暦年課税は、贈与財産の価額が高くなるほど税率がアップしますが、基礎控除は、もらう人ごとに適用されます。

　同じ金額を贈与する場合には、贈与する相手を1人に集中させず、相手を何人かに分けたほうが、贈与税は少なく済みます。

　さらに、贈与する年数を分けることによる軽減効果も期待できます。

　そこで、お父さんが1,200万円を暦年課税で贈与する場合を比較してみましょう（受贈者の全員が特例税率を適用できるものとします）。

 ケース1 1,200万円を1年間で贈与した場合

子（相続人）	子（相続人）	孫（成人）	孫（成人）

贈与人数	1人あたりの贈与金額	贈与税額の合計	1人に渡した場合との差額
1人	1,200万円	246.0万円	——
2人	600万円	136.0万円	△110.0万円
3人	400万円	100.5万円	△145.5万円
4人	300万円	76.0万円	△170.0万円

　このケースでは、子供1人だけに、1,200万円全額を渡すと、246万円の贈与税がかかります。それに対し、子供2人と孫2

人の計4人に分けて300万円ずつ渡せば、贈与税の合計は76万円で済みます。両者の差額は170万円です。

 ケース2 1,200万円を2年間に分けて贈与する

　たとえば、年末と年明けに立て続けに贈与した場合など、年を分けて贈与すると、贈与税はさらに軽減します。

贈与人数	1人あたりの贈与金額	贈与税額の合計	1人に渡した場合との差額
1人	600万円×2年	136万円 (68万円×2年)	――
2人	300万円×2年	76万円 (38万円×2年)	△60万円
3人	200万円×2年	54万円 (27万円×2年)	△82万円
4人	150万円×2年	32万円 (16万円×2年)	△104万円

 ケース1 と **ケース2** の比較

　贈与する相手と年数を分けることで、これだけの違いが生じます。ここで取り上げたケースでいえば、その差は最大で214万円にもなります。

贈与人数	【ケース1】 1年間で贈与	【ケース2】 2年間で贈与	差額
1人	246.0万円	136.0万円	△110.0万円
2人	136.0万円	76.0万円	△60.0万円
3人	100.5万円	54.0万円	△46.5万円
4人	76.0万円	32.0万円	△44.0万円

2-8

節税対策の王道
「暦年課税」のまとめ

 早期の暦年課税のスタートが節税のカギ！

　相続税対策としての効果を出すためには、単に贈与をしただけでは不十分です。相続財産への持ち戻しを避けるためには、3～7年前の加算期間に重ならないように、早い段階から暦年課税を始めることが、節税につながる財産移転の成功のカギとなります。

◎令和6年以降の暦年課税制度の概要◎

贈与者	制限なし
受贈者	制限なし
対象財産・使途	制限なし
控除額	基礎控除110万円
税　率	10～55%の超過累進税率
税額計算	（贈与額－110万円）×税率－控除額
届出の要否	不要
申告の要否	基礎控除以下は申告不要
制度の変更	相続時精算課税への変更可
相続時の加算	相続開始前3～7年以内の贈与財産
加算時の価額	贈与時の評価額
贈与税の控除	あり（控除しきれなくても還付なし）

3 章

相続時精算課税制度の
ポイントと注意点

申告忘れや届出書
の提出忘れに注意
しましょう！

注目度急上昇！
相続時精算課税制度のいろはの "い"

 相続時算課税制度とは

「相続時精算課税制度」とは、60歳以上の父母または祖父母から、18歳以上の子または孫に対して選択できる贈与制度です。

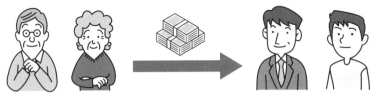

60歳以上の父母または祖父母　　　　　18歳以上の子または孫

　この制度を使うと、毎年の110万円の基礎控除後に、**累計で2,500万円までは課税負担なしに**、贈与時に無税で財産を渡すことができます。累計で2,500万円を超えた場合は、超えた部分に対して一律20％の贈与税がかかります。

　相続時精算課税制度は、贈与財産の種類や使途に制限はありません。また、贈与金額についても上限はなく、何回でも何年でも利用できる制度です。

　ただし、相続の際には、相続時精算課税制度で贈与を受けた財産（毎年の基礎控除分を除いた価額）を相続財産に加算して、相続税を計算します。

　まさに、その名のとおり、相続財産を前渡しして、後で課税を精算する「相続税と贈与税が一体化」された制度となっています。

　なお、贈与の際に払っていた贈与税は、計算した相続税から控除されます。控除しきれないときは、還付を受けることが可能です。この点が、暦年課税の生前贈与加算における贈与税の取扱いとは異なっています。

 ## 相続時精算課税制度の計算方法

$$\left[\begin{array}{c} \text{課税} \\ \text{価格} \end{array} - \begin{array}{c} \text{基礎控除額} \\ \text{(110万円)} \end{array} - \begin{array}{c} \text{特別控除額} \\ \text{(2,500万円)} \end{array} \right] \times 20\% = \begin{array}{c} \text{贈与税額} \end{array}$$

　相続時精算課税制度による贈与時の税額は、次のように計算します。

１）贈与財産から110万円（基礎控除）を控除します。

　①110万円（基礎控除）までの贈与については無税です。毎年の贈与税の申告も必要ありません。

　②毎年の基礎控除以内の贈与については、相続時に加算もされません。

２）上記１）から2,500万円（特別控除）を控除し、残額に対して20％の税率を乗じて算出します。

 ## 基礎控除110万円の取扱い

　基礎控除は、令和６年（2024年）１月１日以後の贈与から適用されます。

　なお、この基礎控除は、受贈者（贈与を受ける人）１人につき年間110万円です。したがって、２人以上の人から相続時精算課税制度で贈与を受ける際には、基礎控除額を按分します。

3-2
知らなきゃマズイ！ 相続時精算課税制度の対象者

贈与した年の１月１日時点の年齢で判定

　暦年課税制度は、贈与当事者に制限はありません。誰にあげても誰からもらってもＯＫでした。

　一方で、相続時精算課税制度の場合は、60歳以上の父母または祖父母から、18歳以上、つまり、成人した子か孫へ贈与を行なうケースに限られます。

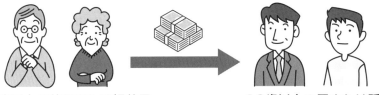

60歳以上の父母または祖父母　　　　　　18歳以上の子または孫

　ここで注意すべきは年齢です。当事者の年齢は、贈与を受けた年の１月１日の時点で判定します。したがって、今年の誕生日がきて18歳になるような場合は、来年からしか相続時精算課税制度を適用できません。

　それからもう１つ、気をつけたいのが子や孫の判定です。

　本当に、贈与者の子供（推定相続人）や孫かどうかは、贈与日の状況で判断します。

養子縁組の関係でもＯＫ

　「父母から子」「祖父母から孫」への贈与の組み合わせについ

ては、養子縁組した人も対象です。その際の養子の数に制限もありません。

他には、非嫡出子（婚姻関係にない男女間に生まれた子）は、認知されていれば対象となります。

相続時精算課税制度は個別に選択できる！

相続時精算課税制度は、贈与する人（父母または祖父母）と贈与を受ける人（子供や孫の兄弟姉妹）が、別々に相続時精算課税制度を選択することが可能です。

たとえば、お父さんからは暦年課税、お母さんからは相続時精算課税制度で贈与を受けることもできます。

あるいは、兄は暦年課税で、妹は相続時精算課税制度といった選択も可能です。

なお、同じ人から受けた贈与財産について、相続時精算課税制度と暦年課税を同時に適用することはできません。

また、相続時精算課税制度を選択した相手との贈与は、暦年課税に戻すことができませんので、注意してください。

マスターしよう！
相続時精算課税制度の計算方法

それでは実際に、税額計算のしかたを確認してみましょう。計算は、基礎控除の110万円が適用可能となる令和6年1月1日以降の贈与を前提とします。

 設例 年度ごとの税額計算

━━━━━━━━━━【設問】━━━━━━━━━━

令和6年以降、父から子へ5,000万円を相続時精算課税制度で複数年にわたって贈与します。毎年1,000万円ずつ贈与した場合、贈与税額はどのように計算したらよいでしょうか。

＜1年目＞

1,000万円－110万円－890万円（特別控除額）＝0円

　特別控除額の残高は2,500万円から890万円を引いて、1,610万円です。

＜2年目＞

1,000万円－110万円－890万円（特別控除額）＝0円

　特別控除額は1,610万円から890万円を引いて、残り720万円です。

＜3年目＞

1,000万円－110万円－720万円（特別控除額）＝170万円

170万円×20％＝34万円

　特別控除額をすべて使い切りましたので、これ以降の特別控除額は0円となります。

＜4年目＞

1,000万円－110万円－0円（特別控除額）＝890万円

890万円×20％＝178万円

＜5年目＞

1,000万円－110万円－0円（特別控除額）＝890万円

890万円×20％＝178万円

　以上のように、4年目以降の贈与は、特別控除額が残っていないので、基礎控除の110万円を超える部分については、全額20％の贈与税がかかります。

　しかし、相続時精算課税制度に「基礎控除110万円」が創設されたことにより、相続の際に持ち戻す価額は5,000万円ではなく、5年間分の基礎控除の合計額である550万円（110万円×5年）を引いた4,450万円になります。

参考　税額計算の手順

①贈与を受けた金額から基礎控除110万円を控除

②上記①の残額から特別控除額2,500万円を控除

　（特別控除額は前年から繰り越された残額を用いる）

③上記②の残額に対して一律20％の税率で課税

ミスが多発！ 届出書の提出を
うっかり忘れて後でビックリ

相続時精算課税制度は届出書の提出モレが多い！

相続時精算課税制度を選択する場合には、税務署へ届出書を提出する必要があります。ところが、この届出書の提出は非常に悩ましいところがあります。

なぜなら、この届出書は、贈与した翌年に提出する書類だからです。つまり、後出しです。当然、税務署からの案内もありませんので、提出を忘れてしまう人が少なくありません。

贈与と届出書の提出の流れ

たとえば、令和6年中に、はじめて相続時精算課税制度で110万円を贈与したとします。この場合、届出書は贈与した翌年の令和7年の3月15日までに提出します。3月15日は、贈与税の申告納付期限です。

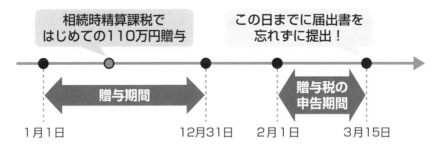

令和5年までは110万円の非課税枠（基礎控除）はありません。ですから、相続時精算課税制度を選択する際には、届出書と贈与税申告書は必ずセットで提出します。

◎初回の相続時精算課税制度の提出書類（添付書類を除く）◎

基礎控除以下の贈与	基礎控除を超える贈与
届出書のみ	届出書＋申告書

　ところが、令和6年からは基礎控除110万円以内の贈与であれば、特別控除額の2,500万円にも影響はありません。申告書を提出しないので、届出のことも忘れてしまいそうです。

　令和6年以降は、はじめて相続時精算課税制度で110万円以内の贈与を受けた人が、翌年に届出書だけを提出するケースが増えると予想されます。

　その際に、110万円を超えていない贈与だから、「何もしなくて大丈夫！」なんて勘違いしてしまうと大変です。

　相続時精算課税制度には、救済措置（宥恕規定）はありません。「何とかしてください！」というお願いは一切聞いてもらえません（汗）。

　相続時精算課税制度を選択する際には、絶対に届出書の提出を忘れないでください。

 ## 「相続時精算課税選択届出書」とは

　これは、税務署に提出する書類の名称です。国税庁のホームページから最新の書類をダウンロードすることが可能です。

　この届出書は、財産をもらう子供や孫が提出します。

　さらに、届出書とあわせて、贈与当事者との関係性や年齢を確認できる「戸籍謄本」などを添付することも必要です。

驚愕の税負担！
相続時精算課税の申告忘れにご用心

 精算課税による2,500万円以内の贈与と確定申告

───────────── 【相談】 ─────────────

令和6年に相続時精算課税制度を選択し、すでに届出書も
提出済みです。昨年は2,000万円の土地の贈与を受けまし
たが、2,500万円の特別控除額の範囲内の贈与なので、贈
与税の申告書を提出していません。何か問題がありますか？

　贈与してもらった金額は2,500万円を超えていないので、特
に問題はなさそうに思いますね。しかし、これは非常にマズイ
のです。

 相続時精算課税制度の2,500万円の特別控除額

　相続時精算課税制度には、2,500万円の特別控除があります。
贈与を受けた財産の価格から、限度額の2,500万円に達するま
では何度でもこの控除を使えます。ただし、この特別控除の適
用を受けるためには、ある条件を満たさないといけません。
　その条件とは、贈与を受けた次の年の3月15日までに税務署
へ贈与税の申告書を提出することです。つまり、「**期限内申告**」
が2,500万円を使うための条件となります。

┌─────────────────────────────────┐
│　2,500万円の特別控除額は期限内申告じゃないと適用不可！　│
└─────────────────────────────────┘

期限までに申告書の提出を忘れてしまうと…

　相続時精算課税制度を利用する場合は、期限内に申告が行なわれていないと、**2,500万円の特別控除額はないものとして、**贈与税を計算しなければいけません。

　したがって、相談されたケースであれば、土地の贈与2,000万円に対して20％の贈与税がかかります。なんと、贈与税だけで378万円も納めることになってしまうのです！

贈与税

〔2,000万円 − 110万円（基礎控除）〕× 20％ ＝ 378万円！

　2,500万円までの贈与なら税金の負担もないからと、相続時精算課税を選んだはずなのに、とんでもない納税が発生してしまいます。

　しかも、この相談例のように、金銭ではない財産の贈与を受けた場合、財産をもらった人は、贈与税の納税資金も別に用意しないとなりません。このケースなら、必要な納税資金は378万円です。

　令和6年以降は、相続時精算課税制度を利用して1年間で110万円を超える贈与を受けたとしても、2,500万円までは贈与税は発生しません。しかし、それは期限内に申告書を提出した場合に限ります。どうか、くれぐれもお忘れなく。

相続時精算課税を使った 有利な贈与のしかた

 評価額が上下する財産を贈与するときは

　相続時精算課税制度を選択する場合、贈与財産は、すべて相続財産の前渡し分として相続時に加算されてしまいます（ただし、令和6年以降の贈与については、毎年の基礎控除110万円以内の贈与は加算されません）。

　そして、相続時に加算される贈与財産の価額は、**贈与を受けたときの「時価」**となります。そのため、評価が低いうちに値上がりが予想される財産を贈与できると、相続税の節税効果が期待できます。

 財産が値上がりした場合

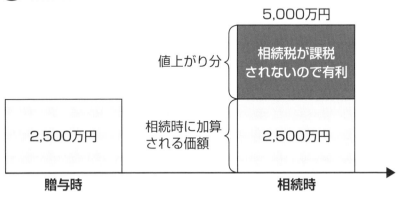

　贈与時の価格が基準となるため、贈与後に財産が値上がりしても、値上がり分には相続税はかかりません。ですから、この場合は相続税の節税対策として非常に効果的です。

財産が値下がりした場合

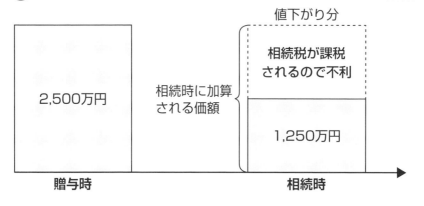

値下がり分

相続時に加算
される価額

相続税が課税
されるので不利

2,500万円

1,250万円

贈与時　　　　　　　　　　相続時

逆に、財産が値下がりした場合は、贈与時の高い評価額で相続税が計算されてしまうので、かえって逆効果です。

 ## 節税につながるカシコイ贈与財産の選び方

①将来、価値が上がる可能性の高い財産

たとえば、業績アップが見込まれる自社の株式や地価の上がる可能性が高い土地などです。

②賃貸建物などの評価が低い財産

現金を贈与するのではなく、手持ち現金で収益建物を建築して貸家として贈与するとします。この場合、賃貸建物の評価額は、現金の3割〜4割程度になるので有利です。

③確実にお金を生む財産

賃料が確実に見込める中古の賃貸建物などは、低い評価額で贈与することが可能です。また、贈与後の賃料は、贈与を受けた人の収入になります。

相続時精算課税制度のポイントと注意点

3-7

災害を受けた贈与財産は
再評価ＯＫ！ でもしかし…

相続時精算課税制度による贈与財産の加算制度

　相続時精算課税制度を選択した場合に、相続財産へ加算する際の財産の価額は、贈与時の評価額となります。

　贈与時よりも相続時のほうが資産の評価額が上がっていた場合には、納税者にとっては有利に作用します。一方、何らかの事情で、相続の際に財産価値が下がっていたとしても、贈与時の価額で加算されてしまいます。

　したがって、値下がりや価値の下落が予想される資産の贈与については要注意です。

令和６年から新設される再計算の取扱いとは

　しかし、いかなる場合でも、相続の際に贈与時の価額で評価することになってしまうのは問題だとして、災害などで被害を受けたときは**再評価できる特例**が創設されました。

　この特例を使うことで、災害などで被害を受けた資産については、次のように取り扱われることとなりました。

① 「相続時精算課税適用者」は、

② 「特定贈与者」から、

③ 「贈与により取得した土地または建物」が、

④ 「贈与日から特定贈与者の相続税の申告期限」までに、

⑤ 「令和６年１月１日以後」の

⑥ 「災害によって一定の被害を受けた場合」は、

⑦ 「相続時に加算される土地または建物の価額」を

⑧「贈与時の価額から被災価額を控除した残額」とする
ことができます。

 特例の計算イメージ

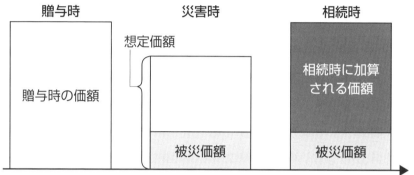

贈与時の価額　−　被災価額（※）　＝　相続時の加算価額

（※）一定の被害：想定価額のうちに被災価額の占める割合が10％以上となる被害。

 この特例の注意点

①保険金などにより補てんされる場合

　災害を受けた土地や建物について保険金などを受け取った場合には、被災価額は、補てん分を差し引いた金額になります。

②不動産所有型法人のオーナーは要注意！

　災害に伴う再計算の対象は、土地または建物のみです。対象財産のなかに株式は含まれていません。

　したがって、法人で土地・建物を所有して運用を行なっている場合（不動産所有型法人）は、法人で所有する土地や建物に被害があったとしても、再評価することはできないので注意が必要です。

ホントに怖い！
相続時精算課税制度で二重課税が発生？

相続の順番が変わると課税負担が大きく増える？

　相続は、年齢の高い順から順番どおりに起こるとは限りません。たとえば、相続時精算課税で贈与を受けた子が、贈与をした父より先に亡くなったとします。

　その場合、相続時精算課税で贈与を受けた財産は、子の相続財産にも含まれ、父の相続財産にも含まれることになります。その結果、実質、二重課税となってしまうのです。

具体例で確認してみよう

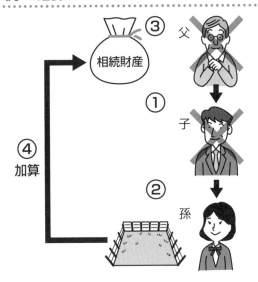

①父から子へ土地を贈与

　父から子に相続時精算課税で土地を贈与します。

②子の相続発生と子から孫への土地の相続

その後、困ったことに、父より子が先に亡くなってしまいました。孫は子の相続人として土地を相続します。

③父の相続発生

今度は父が亡くなりました。孫は子に代わって父の財産を相続します（代襲相続）。

④孫から父へ土地の持ち戻し

しかし、これで終わりではありません。父の相続税を計算する際に、孫は、子が相続時精算課税で贈与を受けた土地を父の相続財産に加算しなければなりません。

なぜなら、孫は、相続時精算課税の適用に伴う納税に係る権利または義務を子から承継しているからです。

 なんと、土地に２回の相続税が！

一度、子の相続財産として課税された土地が、再び父の相続財産となってしまいました。つまり、土地に対して二重の課税です。相続時精算課税を選択しなければ、この土地は、父から孫へ１回の相続税で引き継ぐことが可能でした。

相続時精算課税を選択した場合は、こういったことが起こる可能性があるのです。

 親より先に子が逝く相続は珍しくない！

このケースは、実際にあり得る話です。「子どもが親より先に逝くのは親不孝」といわれますが、最近の相続では、亡くなった父親が100歳、相続人の子供が80歳、孫はそろそろ50歳なんてケースも珍しくありません。

したがって、相続時精算課税を選択するにあたっては、この点も踏まえて検討してください。

クセが強い相続時精算課税制度の
その他の注意点

　何かとクセのある相続時精算課税制度ですが、前項以外のその他のデメリットについても紹介しておきましょう。

 撤回が不可能！

　相続時精算課税制度を一度選択すると、その特定贈与者からの贈与は、暦年課税に戻すことはできません。つまり、片道切符になるので、「相続時精算課税制度」と「暦年課税制度」のどちらが有利か、あらかじめ慎重に検討する必要があります。

　ただし、変更できないのは、相続時精算課税制度を適用した特定贈与者からの贈与のみです。他の贈与者からの贈与については、引き続き、暦年課税が利用可能です。

 小規模宅地等の特例が使えない

　相続時精算課税制度で贈与を受けた宅地については、小規模宅地等の特例を適用することはできません。

　「小規模宅地等の特例」とは、一定の要件を満たす土地について、相続税評価額を最大80％減額できるという制度です。この特例は、相続や遺言で取得した土地のみに適用されます。

　相続時精算課税制度で受け取った土地は、贈与による取得のため、小規模宅地等の特例の適用対象外となってしまいます。

　したがって、小規模宅地等の特例が適用できる土地の場合には、贈与ではなく相続で取得をさせるほうが、相続税を軽減できるケースも少なくありません。

贈与財産では物納できない

相続税には「物納」という制度があります。この制度を使えば、現金で相続税が支払えない場合には、相続した土地や建物、株式などで相続税を納めることができます。

ただし、物納できるのは、相続時に被相続人（亡くなった人）が所有していた財産に限られます。

すでに相続時精算課税制度で贈与を受けてしまっていた財産では、物納することはできません。

 ## 不動産の場合はコストが高い

不動産の取得に伴って、登録免許税や不動産取得税が発生します。

これらの税金は、相続で引き継ぐよりも贈与で取得するほうが税率等も高く、税負担に大きな差が生じます。

その結果、トータルでは税金が増えてしまう場合もあります。相続時精算課税制度で不動産を贈与する際には、贈与税以外のコストも判断材料に含めて検討することが必要です。

 ## 相続の際に納税資金がない恐れも

相続時精算課税制度を適用することで、事前にまとまった額の資金を受け取ることが可能です。また、特別控除額の2,500万円を超えない限り、贈与税の負担もありません。

しかし、その資金を相続までに使い果たしてしまうと、相続の際に、税金を支払うための資金が手元にない場合があります。

したがって、贈与を受けた資金や財産については、将来の納税資金も踏まえた適切な管理が求められます。

相続時精算課税制度の特徴のまとめ

　令和6年以降の相続時精算課税制度の概要をまとめておくと、下表のようになります。

贈与者	60歳以上の父母・祖父母
受贈者	18歳以上の子・孫
対象財産・使途	制限なし
控除額	特別控除額2,500万円　基礎控除110万円
税率	一律20%
税額計算	「(贈与累計額－2,500万円)×20%」(毎年110万円までは非課税)
届出の要否	最初に当制度で贈与を受けた年の翌年3/15までに要提出
申告の要否	基礎控除額以下は申告不要。基礎控除を超えた場合は、特別控除額以内でも要申告
制度の変更	選択後の暦年課税への変更は不可
相続時の加算	毎年の基礎控除分を差し引いた贈与財産のすべて
加算時の価額	贈与時の評価額(災害により一定の被害を受けた土地建物は再計算)
贈与税の控除	あり(控除しきれない額は還付)

4 章

非課税贈与の
ポイントと注意点

贈与税がかからない
贈与について知って
おきましょう。

贈与税がかからない
財産と特例はこれだ！

 贈与税がかからない財産とは

　原則として、贈与税は、贈与を受けたすべての財産に対して課税されます。

　しかし、財産の性質や贈与の目的などを考えて、以下に掲げる財産については、贈与税がかからないことになっています。

 財産の性質や政策的な配慮から非課税

　以下にあげたものは、社会政策上の配慮、宗教・学術などの奨励など種々の政策的な理由から非課税とされている財産です。

　これら非課税となる財産は、相続税法で列挙されているものに限られます。

①法人からの贈与財産
②扶養義務者からの生活費や教育費
③一定の公益事業を行なう者が贈与を受けた公益事業用財産
④学資の支給を行なう特定公益信託から交付される金品
⑤心身障害者扶養共済制度の給付金の受給権
⑥公職選挙法の適用を受ける選挙で取得した一定の金銭等
⑦特別障害者扶養信託契約の信託受益権

 贈与税が非課税となる特例措置

　贈与税には、特定の目的を支援する特例制度が以下にあげる

ようにいくつかあります。各特例の詳しい内容は、4 - 3 項以降で解説します。

　なお、それぞれの特例の適用期限は、令和 5 年（2023年） 4 月 1 日時点の状況によります。

①教育資金の一括贈与

　父母または祖父母が30歳未満の子や孫へ、教育資金を一括で1,500万円まで非課税で贈与が可能。

＜適用期限＞令和 8 年（2026年） 3 月31日

②結婚・子育て資金の一括贈与

　父母または祖父母が18歳以上50歳未満の子や孫へ、結婚・子育て資金を一括で1,000万円まで非課税で贈与が可能。

＜適用期限＞令和 7 年（2025年） 3 月31日

③住宅取得資金贈与

　父母または祖父母が18歳以上かつ年間所得が2,000万円以下の子や孫へ、住宅取得資金を最大で1,000万円まで非課税で贈与が可能。

＜適用期限＞令和 5 年（2023年） 12月31日

④おしどり贈与（贈与税の配偶者控除）

　婚姻期間が20年以上の夫婦で、夫から妻へ、もしくは妻から夫へ、居住用不動産（家や土地）または居住用不動産の購入資金を2,000万円まで控除が可能。

＜適用期限＞なし

生活費や教育費なら
贈与税がかからないって本当？

 贈与税がかからない生活費や教育費

〔扶養義務者〕 　　　　　　　　　　　　　　　　　〔扶養される人〕

生活費　　教育費

扶養義務者から扶養される人への贈与において、生活費また
は教育費に充てるために贈与を受けた財産のうち、「通常必要
と認められるもの」には贈与税はかかりません。

 「扶養義務者」とは

扶養義務者とは、以下の者をいいます。なお、扶養義務者に
該当するかどうかは、贈与時の状況で判断します。
①配偶者
②直系血族および兄弟姉妹
③家庭裁判所の審判を受けて扶養義務者となった三親等内の親
　族
④三親等内の親族で生計を一にする者

 「生活費」とは

生活費とは、通常の日常生活を営むのに必要な費用をいいま
す。具体的には、衣食住にかかわる費用や治療費、養育費など
がこれに該当します。

反対に、以下のような費用は生活費には該当しません。

- 株式や車両、家屋などの購入費用
- 住宅ローンの返済金（負債の精算）

 ## 「教育費」とは

　教育費とは、扶養される人にとって、教育上、必要な学費や教材費、文具費等をいいます。義務教育に限らず、高校や大学、塾や習い事の費用も対象です。

 ## 生活費および教育費以外の非課税費用

　生活費や教育費以外にも、個人から受け取る以下の費用は非課税です。ただし、贈与当事者の関係に照らして、社会通念上、相当と認められる（常識の範囲内）のものに限ります。

①結婚費用や出産費用
②年末年始の贈答、および歳暮、お中元
③お祝いや見舞いのための金品
④香典や花輪代

 ## 非課税とするための３つのポイント

　「①必要に応じて」「②必要な額だけ」「③そのつど行なう」贈与であることが３つのポイントです。

　たとえば、数か月分の生活費や１年分の教育費を一括して贈与した場合などは、非課税にはなりません。

　ほかには、生活費や教育費に充てられずに預貯金となっている場合や、他の資産の購入費用に充てられている場合なども非課税にはなりません。

　こうした生活費や教育費に充てられなかった部分は、贈与税の対象になります。

4-3

教育資金の一括贈与で
最大1,500万円をバックアップ

「教育資金の一括贈与」とは

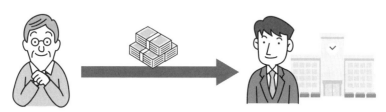

　父母・祖父母から30歳未満の子や孫へ、教育資金を一括して拠出した場合には、贈与を受けた人1人につき1,500万円までの金額について贈与税は非課税になります。

　この制度が利用できるのは、令和8年（2026年）3月31日までです。

贈与者と受贈者の対象となる人

【贈与者】（あげる人）

　父母や祖父母などの直系尊属（配偶者の親や叔父・叔母、第三者は不可）

【受贈者】（もらう人）

　子もしくは孫（30歳未満、合計所得金額が1,000万円以下）

主な手続きの流れ

①金融機関に受贈者の教育資金口座を開設

②「教育資金非課税申告書」を税務署に提出（金融機関経由）

③贈与者が教育資金を①の口座へ預け入れ

④教育資金の払い出し（金融機関に領収書などを提出）

 ## 教育資金の範囲

１）学校等に対して直接支払う費用：上限1,500万円

　①入学金、授業料、保育料、施設設備費など

　②学用品、給食費、旅行費用など

２）学校以外の者に直接支払う費用：上限500万円

　学習やスポーツ、文化芸術、教養に関する教室の月謝や入会金、施設使用料など

 ## 「教育資金の一括贈与」のここがおススメ

　この特例は、暦年課税や相続時精算課税制度との併用が可能です。暦年課税や相続時精算課税制度の非課税枠に影響はありません。この特例で別途、教育費を目的とした応援が可能です。

　ただし、次の点には注意が必要です。

【注意点①】贈与資金が使いきれなかった場合

　贈与を受けた教育資金が30歳までに使いきれなかった場合は、一定の場合を除き、残った金額には贈与税がかかります。

　なお、この残額に暦年課税により贈与税が課されるときは、一般税率（２－３項参照）が適用されるケースもあります。

【注意点②】贈与者が契約期間中に死亡した場合

　教育資金を使いきる前に贈与者が亡くなってしまうと、残った金額は相続財産に加算される場合があります。また、孫に相続税が課税される場合には、相続税額の２割加算が適用されるケースもあります。

　これらの取扱いは、教育資金の贈与時期によって異なりますので、詳細は税理士等へ確認してください。

結婚・子育て資金の一括贈与なら 1,000万円まで非課税

 「結婚・子育て資金の一括贈与」とは

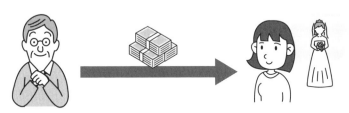

　父母・祖父母から18歳以上50歳未満の子や孫へ、結婚・子育て資金を一括して拠出した場合には、贈与を受けた人1人につき1,000万円までの金額について贈与税は非課税になります。

　この制度が利用できるのは、令和7年（2025年）3月31日までです。

 贈与者と受贈者の対象となる人

【贈与者】（あげる人）

　父母や祖父母などの直系尊属（配偶者の親や叔父・叔母、第三者は不可）

【受贈者】（もらう人）

　子もしくは孫（18歳以上50歳未満、合計所得金額1,000万円以下）

 主な手続きの流れ

①金融機関に受贈者の口座を開設

②「結婚・子育て資金非課税申告書」を提出（金融機関経由）

③贈与者が資金を①の口座へ預け入れ

④資金の払い出し（金融機関に領収書などを提出）

 ## 結婚・子育て資金の一括贈与の範囲

１）一定の期間内に支払われる結婚資金（限度額300万円）

　①挙式、婚礼（結婚披露）費用

　②新居、転居費用

２）子育て資金（限度額1,000万円）

　妊娠、出産および子の医療費、幼稚園・保育料など

 ## 「結婚・子育て資金の一括贈与」のここがおススメ

　この特例制度は、暦年課税や相続時精算課税制度との併用が可能です。暦年課税や相続時精算課税制度の非課税枠に影響はありません。この特例で別途、結婚や子育てを目的とした応援が可能です。

　ただし、次の点には注意が必要です。

【注意点①】贈与資金が使いきれなかった場合

　贈与を受けた教育資金が50歳までに使いきれなかった場合は、残った金額には贈与税がかかります。

　なお、この残額に暦年課税により贈与税が課されるときは、一般税率（２－３項参照）が適用されるケースもあります。

【注意点②】贈与者が契約期間中に死亡した場合

　結婚・子育て資金の贈与金額を使いきる前に贈与者が亡くなった場合、残った金額は相続税財産に加算されます。また、孫に相続税が課税される場合には、相続税額の２割加算が適用されるケースもあります。

　これらの取扱いは、贈与時期によって異なりますので、詳細は税理士等へ確認してください。

住宅取得等資金の贈与税の非課税措置は最大1,000万円

「住宅資金贈与」とは

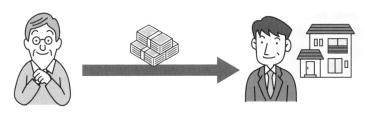

　父母・祖父母から18歳以上の子や孫へ、マイホームの購入や増改築のためのお金を贈与した場合には、1,000万円（一般住宅の場合は500万円）まで贈与税が非課税になります。

　この制度が利用できるのは、令和5年（2023年）12月31日までです。

贈与者と受贈者の対象となる人

【贈与者】（あげる人）

　父母や祖父母などの直系尊属（配偶者の親や叔父・叔母、第三者は不可）

【受贈者】（もらう人）

　子もしくは孫で以下に該当する人

①贈与の年の1月1日において18歳以上

②贈与を受けた年の合計所得金額が2,000万円以下（床面積が40㎡以上50㎡未満の場合は1,000万円以下）

③住宅取得等資金贈与の適用を受けたことがない

適用対象となる住宅

①住宅が日本国内にある

②床面積が40㎡以上240㎡以下で1/2以上が居住用

③中古家屋の場合は、耐震性がある家屋または昭和57年1月1
日以後の建築

④増改築の場合は、工事費用が100万円以上で1/2以上が居住
用部分の工事

 取得期限等と非課税限度額

　贈与の翌年3月15日までに家屋等を取得し、居住することが
必要です。非課税限度額は下表のとおりです。

住宅用家屋の契約日	省エネ等住宅	一般住宅
2022/1/1～2023/12/31	1,000万円	500万円

（※）「省エネ等住宅」とは、一定の省エネ等基準を満たす住宅用家屋。

 「住宅資金贈与」のここがおススメ

　この特例は、暦年課税や相続時精算課税制度との併用が可能
です。この特例適用後の残額に対して、暦年課税の基礎控除
（110万円）や相続時精算課税制度の特別控除額（2,500万円）
が使用できます。

　暦年課税では、相続開始前に行なわれた一定期間（3～7年）
の贈与分を相続財産に加算しなければいけませんが、この特例
を利用した部分は加算が不要です。

　なお、この特例を受けた場合には、贈与者が60歳未満であっ
ても相続時精算課税制度を選択できるので、最大2,500万円の
特別控除を適用することが可能です。

4−6

仲睦まじき「おしどり贈与」で 伴侶に自宅をプレゼント

「おしどり贈与」とは

夫　　　　　　　　　　　　　　　　　　　　　　　　　妻

　正式な名称は「**贈与税の配偶者控除**」ですが、「おしどり贈与」とも呼ばれています。結婚して20年以上経過した夫婦間で、一定の要件を満たす贈与をした場合に適用できます。

　この制度を活用すると、2,000万円までの居住用不動産等の贈与が非課税となります。

対象となる贈与財産

　「おしどり贈与」の対象となるのは以下の資産です。

①居住用不動産

②居住用不動産を取得するための金銭

③居住用不動産は、建物だけでも土地だけでもOK

　ただし、土地だけの場合は、その土地の上に建っている建物の所有者が、贈与をした人か同居親族であることが条件。また、居住用ではない別荘や国外の不動産物件はNG。

適用要件

①婚姻期間が20年以上（内縁関係はNG）

②贈与を受けた翌年３月15日までに居住し、その後も住み続ける見込みがある

③過去、同じ配偶者から「おしどり贈与」を受けていない

④贈与税の申告書を提出する（贈与を受けた居住用不動産や購入資金が非課税限度額の2,000万円以下であっても申告が必要）

👤 「おしどり贈与」のここがおススメ

　暦年課税と併用可能です。ですから、基礎控除の110万円と合わせて、最大で2,110万円までは贈与税がかかりません。

　また、暦年課税では、相続開始前に行なわれた一定期間（３〜７年）の贈与分を相続財産に加算しなければいけませんが、「おしどり贈与」は加算が不要です。

　さらに、2,000万円は市場での取引金額ではなく、相続税評価額（市場価格の約80％）にもとづく金額です。したがって、金銭贈与との価格差を利用した対策も可能です。

　ただし、次の点には注意が必要です。

【注意点①】 その他のコスト負担

　「おしどり贈与」で非課税になるのは、贈与税だけです。不動産を取得する際に課税される登録免許税や不動産取得税などについては、別途負担が必要で、税率も高くなります。

【注意点②】 配偶者の税額軽減との検討

　相続税には、「配偶者の税額軽減」という制度があります。この適用を受けると、配偶者が相続した財産のうち、１億6,000万円または法定相続分までは相続税がかかりません。

　したがって、配偶者の居住場所の確保など、税負担以外の目的とも合わせて、贈与と相続のどちらで渡すとよいかの検討が必要です。

4-7

やるならどっち？
「一括贈与」と「つど贈与」の有利・不利

 「一括贈与」と「つど贈与」の比較検討

　教育資金や結婚・子育て資金には、それぞれ「一括贈与」の特例措置が設けられています。

　一方で、必要に応じて必要な額だけ、そのつど行なう扶養義務者からの生活費や教育費は、贈与税が非課税でした（以下、「つど贈与」とします）。

　では、教育や子育てなどに係るお金は、どちらの贈与を使っていくのがいいのでしょうか？

 暦年課税か相続時精算課税制度とセットで使う

　上手に活用したいのが、暦年課税もしくは相続時精算課税制度との「セット活用」です。

　これは、一括贈与であっても、つど贈与であっても、併用することができます。

　たとえば、以下にあげるような具合に、目的に応じて贈与制度を組み合わせて活用することをお勧めします。

①勉強や子育てに使ってほしい

　⇒つど贈与または一括贈与

②将来のために備えてほしい、増やしてほしい

　⇒暦年課税または相続時精算課税制度

 あげる側の手間と税務リスクを考える

　教育資金などを贈与する側である親や祖父母の立場で、手間

とリスクを考えるなら、私は一括贈与をお勧めします。

　たしかに、一括贈与の場合は、始める際に信託銀行などで手続きをする手間がかかります。でも、それ以降は、贈与したほうはノータッチで大丈夫です。しかも、いつ、何に使ったか、というお金の流れを把握することも容易です。

　したがって、税務対策としても証拠を残しやすい利点があります。

　一方、つど贈与の場合は、お金の流れを紐づけるのが大変です。授業料やお稽古代などは、毎回、ぴったりの金額を振り込まなければいけません。

つど贈与のメリットは「ハート」

　なんといっても、つど贈与は簡単です。手続きは何もいりません。

　そして何より、一括贈与なら、「ありがとう」といってもらえるのは1回ですが、つど贈与なら、毎回渡すたびに、「おじいちゃん、おばあちゃん、ありがとう」って、いってもらえるのです。

　この"ハートtoハート"の機会が多いほうがいいなってことであれば、つど贈与を選択したほうがいいですよね。

　また、もらう側の子供や孫にとっても、一括贈与の場合は、領収書を金融機関に提出しないといけないなど、手続きが面倒です。

　これが、つど贈与なら、本当にそのつど、「必要なだけ出してもらって終わり」ですから、その意味では、手続きがなくて楽チンではあります。

税務調査で難癖がつく
「孫の学費」を非課税にする方法

「払い方」が問題で非課税贈与が否認される？

離れて暮らす祖父母が、孫の学校の授業料を出してあげるとします。必要なつど、必要な金額を出してあげれば非課税です。

ただし、ここで気をつけたいのは「払い方」です。相続税の税務調査の現場では、この「払い方」が原因で、学費（教育費）の贈与が非課税として認められない場合があります。

ポイントはお金を「紐づけ」しておくこと

税務調査で問題になるのは、次のようなケースです。

授業料はすでに親が支払い済みです。その後、祖父母から授業料が孫の口座に振り込まれ、そのままだったとします。

一見、特に問題はないように思います。ところが、このやり取りについて、税務署は、「授業料は親が負担していて、祖父母が孫に振り込んだお金は通常の贈与だ」と、非課税による贈与を否認してくることがあります。

なぜなら、祖父母のお金は授業料に直接あてられていないからです。

そこで、孫の教育費を確実に非課税にするためにも、祖父母は、授業料を学校へ直接振り込むようにしてください。こうしておけば、何十年先に誰が見ても、いつ誰が授業料を払ったのかを紐づけしておくことができます。

面倒かもしれませんが、この一手間が税務調査での家族の負担を確実に減らすことになります。ぜひお願いいたします。

5 章

相続税の税務調査と
狙われる財産

税務署が特に力を入れて調べるのは家族名義の預金です！

税務調査の時期で
税務署の本気度がわかる⁉

 税務署の１年は７月からスタート

税務署という組織は、１年のサイクルが変わっています。

通常、官公庁の１年は、４月１日から３月31日を「１年度」としています。

それに対して、国税組織の１年は、７月１日から６月30日のサイクルで回っています。この年度のことを「**事務年度**」と呼びます。

税務署の１年の開始が７月なのは、おそらく、確定申告の関係です。３月に提出が殺到する所得税や消費税の申告書を処理していたら、とても４月にスタートは切れないということで、時期をずらして７月開始にしたんでしょうね。

また、事務年度のはじめの７月10日が人事異動の日となっています。この日に、税務署や国税局などの職員の約３分の１が異動することになります。

 税務調査の期間は大きく３つに分けられる

７月に異動があって、引き継ぎが終わって正常運転が始まるのが７月中旬以降。そこから翌年の６月までの間に、税務署の職員は調査へ出向くわけです。

この調査時期は、大きく３つの期間に分けることができます。「①７月～12月」「②１月～３月」「③４月～６月」の３期間です。

　そして、調査にやってくる時期で、相続税調査の本気度がわかります。

　そこで、期間ごとの特徴をあげておきましょう。

①７月〜12月の税務調査は超本気！

　ここが税務調査のメイン期間です。

　この時期にやってくる税務調査は、厳しいものになることを覚悟しておく必要があります。

　なぜなら、他の期間よりも時間をかけることができますし、実は、ここでの成果が職員たちの人事考課に最も反映されるからです。

　当然、税務署の職員は、多額の追徴が見込めそうな調査先や、大口の案件を取り扱っていきます。職員のやる気も満々です。

　つまり、この時期の調査は「取れる！　怪しい！」納税者先を、「取ってやる！」との意気込みで調査にやってきますので、超本気というわけです。

②１月〜３月の税務調査は休止状態

　言わずもがな、この期間は確定申告シーズンです。税務署も私たち税理士も大忙しです。こうした理由もあって、この期間には、ほとんど調査は行なわれません。

③４月〜６月の税務調査は短期決戦

　この期間に関しては、もう６月の年度末が見えています。したがって、期間内に完了できる見込みで調査が行なわれます。事務年度のはじめに割り振られた残りの事案などをここで対応します。

5-2

税務調査で狙い撃ちされる 財産は何か！

 最近の相続税調査に見られる「ある顕著な傾向」

　最近の税務調査には、ある顕著な傾向が見られます。最初の頃は、地域的なものかと思っていました。

　私の事務所は名古屋市にありますので、名古屋国税局管内に限った話なのかな？　なんて感じで考えていたのです。

　その後、関東や関西をはじめ全国各地で相続税調査のお手伝いをさせていただきましたが、どこでも状況は同じでした。

　その傾向とは何か？　実は、最近の相続税調査は「ある財産」の**一点集中狙い**です。特定の財産が狙い撃ちされています。この財産ばっかりグリグリやってくる！　って感じなのです。

 税務署が特に力を入れて調べる財産とは？

　それでは、いま、税務署が特に力を入れて調べてくる財産とは何でしょうか？　誤解を恐れずに申し上げます。

　土地・建物といった不動産…、ではありません。

　株式・債券…、でもありません。

　それは、**現金預金**です。なかでも特に、私たちの銀行預金なのです。

　もうちょっと言わせてください。

　銀行預金のなかでも「**家族名義の預金**」です！

　最近の相続税の税務調査では、この家族名義の預金をわざわ

ざ探しに家までやってくる、といっても過言ではありません。

 ## 税務署が特に力を入れて調べてくる理由

実は、これには理由があります。

相続税の税務調査では、自宅にうかがう前に関連資料を取り寄せて、まずは一生懸命、税務署のなかで事前に調べてきます。

その際に、株式や不動産に関する資料は、もう全部取れてしまいます。私たち納税者も、隠すとか躱（かわ）すなんてことはできません。

そうすると、税務署は資料が全部揃っていますから、わざわざ、自宅まで様子を見に行かなくても、株や不動産については、申告額が合っているか間違っているかは、だいたい計算できてしまうのです。

それに対して、自宅までやって来て調べる財産というのは、いろいろ見てまわった結果、「この財産がモレています」と指摘ができて、その指摘が最後まで押し通せて、私たち納税者の対策がお留守（不十分）になっているところ——そこを調べようと思ってやってくるわけです。

では、最近の相続税調査の際に、対策がお留守だと思われている財産は何かといえば、それが現金預金、なかでも「家族名義の通帳」というわけです。

5−3

税務署が躍起になって調べる 家族名義の預金

 税務署が調べる家族名義の預金とは？

　前項で税務署は家族名義の預金を狙い撃ちしているといいましたが、では、税務署は、いったい、どんな預金を調べにくるのかというと、以下にあげるこんな預金を探しに家までやってくるのです。

　たとえば、父親は生前、手元に子供名義の通帳を持っていました。この通帳にある預金は、「私が亡くなったら、息子にやってくれ」というお金です。
　「わざわざ、子供名義の通帳にお金を入れてあげているのだから、この通帳のお金は、息子に贈与してやったものだ」
　お父さんはそう思っていました。

　それを聞いていた母親は、実際に父親（夫）が亡くなった後の遺産分けの席で当然のように、長男である子供に、この通帳を渡します。
　受け取った長男も感激します。通帳には自分の名前が書いてありますから、「これは僕の財産だ」と考え、亡くなった父親の相続財産にはこの通帳を含めずに、相続税を計算して納めました。
　すると、どうなるか…。

三回忌が終わった頃の税務調査で

父親の三回忌も終わって忘れた頃に、税務署の職員が自宅へ相続税調査にやってきます。

そして、いろいろと調べて見て回った結果、財産モレを伝えてきます。

「えっ？　何かモレていましたか？」と長男が尋ねてみると、税務署の職員は、「この通帳が申告からモレています」といって、父親が残した長男名義の通帳を指摘します。

「この通帳は生前、親父が私に贈与してくれたものです」と、長男が答えると、税務署の職員はこう返します。

「ただ（無料）でモノをあげたから贈与かというと、そうではありません。贈与には『あるお約束ごと』があります。そのお約束ごとが守れていないと、たとえ、通帳の名義が長男であるあなたになっていても、それは法律上、贈与したことにはなりません」

「つきましては、この通帳は、たしかに名義は長男になっていますが、贈与のお約束ごとができていませんので、法律上はお父さんの財産になります。したがって、お父さんの相続財産からその分がモレていますから、余分な税金（加算税や延滞税）と一緒に相続税を払ってください」

税務署は、税務調査で、こんな対応をしてきたわけです。

5章　相続税の税務調査と狙われる財産

93

5-4

意外と知らない
贈与の３つのお約束ってなに？

 贈与の成立に必要な３つのお約束

　贈与については、民法でルールが決まっています。民法549
条ではこう規定されています。

【民法549条（贈与）】

贈与は、当事者の一方がある財産を無償で相手方に与える
意思を表示し、相手方が受諾をすることによって、その効
力を生ずる。

　つまり、贈与のお約束ごととは、次の３つです。

---
　①あげる　　　　②もらう　　　　③使える

　贈与を成立させるためには、この「あげる」と「もらう」と
「使える」の３つの行為が必要です。この３つのお約束ごとの
要件を満たすと、民法上、贈与の成立が認められるわけです。

 税務署に贈与を否認されるケース

　しかし、家族名義の通帳について、贈与が成立していないと
税務署に判断される場合があります。たとえば、父親が長男に
通帳の存在を内緒にしていたようなケースです。

　順を追ってその経緯をみていきましょう。

【贈与の認識は後ではダメ】

　贈与とは、あげる人ともらう人の双方が、何を贈与するのか
を認識している必要があります。そして、この認識は後ではな
く、贈与の時点でなければいけません。

　税務署の職員は、「内緒の贈与は存在しない」ことを理由に、
贈与が成立していないと判断してきます。

【反論に対する税務署のさらなる返答】

　こんな指摘を受ければ、長男はもちろん「知っていました」
と反論します。しかし、税務署の職員は、さらにこう指摘を続
けます。

　「財産をもらった子供が、知っているだけでは不十分です。
もらった財産を実際に使える状態になっていなければ、贈与は
成立していません」

【真の「使える状態」とは】

　さて、税務署の職員の指摘する「使える状態」とは、具体的
にはどのような状態を指すのでしょうか？

　「使える状態」とは、もらった財産をもらった人が管理・利
用できる状態を意味します。つまり、もらった人が、その財産
を自由に「使ったり、処分したり」できる状態が、贈与の成立
要件である、ということです。

【通帳の所在と名義人の利用状況】

　しかし、この通帳がもともと「父親の手元にあった」となれ
ば、長男は、通帳のお金を自由に使うことはできないわけです。

　たとえ、「親父が僕名義の通帳に、お金を入れて持ってくれ
ている」と知ってはいても、自分の意思で自由に使えないので

あれば、贈与は成立していないと税務署は判断するのです。

　もし、これが、長男に内緒だったらどうでしょう？　その場合は、そもそも、長男は通帳の存在すら知らないわけですから、使うことができないのは明らかです。

　先の３つのお約束ごとは次のようになります。

①あげる　　②もらう　　③使える

贈与要件が不成立の財産の正体

　通帳の名義が息子や娘、あるいは孫であっても、「あげる・もらう・使える」の３つの要件を満たしていなければ、法律上の贈与は成立しておらず、「**贈与したつもりの預金**」と判断されます。

　その結果、税務署からは、「相続財産の申告がモレている」と指摘を受けて、加算税や延滞税を含めた相続税の支払いを求められます。

　この「贈与したつもりの預金」こそが、俗にいう「**名義預金**」と呼ばれるものです。

　最近の相続税の税務調査では、家族間のお金のやりとりが特に注視されています。

　なかでも特に、家族名義の預金については、徹底的に調査の目が向けられますので、十分な注意が必要です。

税務署は名義預金が大好物。
その理由がこれだ！

 ## 税務署は名義預金が大好物です

　税務署は、名義預金が大好きです。その理由は大きく以下の3つです。

【理由①】 納税者は贈与の成立要件を知らない

　税務署は、私たち納税者が贈与のルールを知らないと思っています。

　「贈与なんて、タダでモノをあげたら贈与でしょ？」と思ってやっていますよね？　でも、違いますよ。贈与の成立には"お約束"があります——と、税務署では考えています。これが理由の1つ目です。

【理由②】 納税者と喧嘩をしても負けない自信がある

　名義預金の話が税務調査で出ると、調査の現場はまず紛糾します。亡くなった父親の配偶者である母親も、怒っちゃうんですね。

　「何、言ってんの！　うちのお父さんがよかれと思ってやった親心でしょ。愛情でしょ！　それを税金が水を差すなんて許せない！　私、納得いかないわ。税務署と喧嘩します。裁判よ〜！」みたいな感じになるわけです。

　では、これを国税不服審判所（税金の裁判所）に持ち込んだとします（実際の手続きは即裁判ではなくて、いくつかの段階

がありますが)。

　すると、国税審判官（税金の裁判官）はたった一言、こういいます。

　「本件は民法の要件を満たしていませんので、税務署のいうとおりに税金を払ってください」

　これでおしまいです。つまり、税務署の人たちは、「私たちは法律を盾に主張しているんだ。納税者がいくら愛情や親心で異議を唱えても、法律という土俵で相撲を取ったら、絶対に負けない！」と思っています。

　事実、民法の要件（贈与の成立要件）といわれてしまうと、弁護士も会計士も税理士も打ち返せないのが実情です。

【理由③】 名義預金には時効がない！

　そして、おそらく、これが一番の理由なのでしょうが、名義預金には時効がありません。したがって、税務署は、何十年前の分でも遡って、財産モレを指摘することができます。

　しかし、納税者としては当然いいたいですね。「いったい、いつの話をしているのですか？　こんな10年も20年も前の話は、とっくの昔に時効ですよ！」と突っぱねたいわけです。

　この際に、私たちは何の時効を主張しましょうか？　まぁ、ここはやはり、贈与税に関する時効を主張したいですよね。

　ちなみに、贈与税の時効は「申告期限の翌日から６年」です。悪意、つまり、申告と納税の必要があることを知っていながら、故意に何もしていないような場合の時効は「７年」です。

　では、贈与の時効って、いつから時計の針が回り始めるのでしょうか？

　それは、「あげる・もらう・使える」ができたときです。つ

まり、贈与が成立した時点で「よ〜いドン！」。ここから時計の針がカチカチと回りはじめます。そして、所定の期間が経過したら時効です、となるわけです。

ところが、名義預金は、この「あげる・もらう・使える」が成立していません。つまり、「よ〜い」といったまま、ボタンが押せていない状態です。時効の針は回っていません。

ということは、待てど暮らせど、何十年経っても、名義預金が時効によって名義人のものになることはないのです。

相続税対策で大事なもの

以上のことをまとめると次のようになります。

①私たち納税者がルールを知らなくて、②裁判をやっても自分たちは負けなくて、③時効を気にせずに何十年前の分でも遡って税金を取れてしまう財産があるんです。

「絶対ここを調べてくるな！」って思いませんか？　もし、私が税務署の職員だったとしても、絶対に名義預金を調べます。

これが最近の相続税調査の実情です。しかし、こうした相続現場の様子を十分に伝えられていないものですから、「贈与したつもりの預金＝名義預金」の指摘が後を絶ちません。

株式対策も大事です。不動産の対策も大事です。でも、現金・預金の対策はもっと大事です。そのなかでも、できているようで正しくできていないのが生前贈与です。

「ただでモノをあげても贈与ではないのだな」

「贈与の成立には“お約束ごと”があるんだな」

ぜひ、この点は覚えておいてください。

5-6

まるで刑事ドラマ？
銀行預金を調べにアリバイ調査も

税務署は預貯金をこのように調べる！

「贈与に必要な『あげる・もらう・使える』はいいんだけれど、そもそも、この私名義の通帳が父親の手元にあったって、税務署の人はなんでわかるの？」

よくこんな質問を受けます。

相続税の税務調査は、相続の2～3年後くらいにやって来ます。だいたい、三回忌が終わった後くらいです。

相続がおきてからは少し期間が空いていますね。では、その間、税務署の職員は遊んでいるのかというと、そうではありません。

「事前調査」とか「机上調査」と呼ばれますが、その間は資料を取り寄せて、税務署のなかで電卓を叩いて調べています。

土地や建物などの不動産はもちろん、株式債権もチェックします。そして、銀行預金に関しては、銀行から取引の履歴を取り寄せて内容を確認します。

アリバイ調査で所有者を洗い出す？

取り寄せる預金の取引履歴の範囲についてはまちまちです。多くの金融機関では、預金口座の取引履歴を10年分保管しています。

ですから、調査によっては10年前まで遡って調べられるケースもあります。通帳を処分してしまえば調べられないなんてこ

とはありません。

さらに、取り寄せる履歴は、亡くなった人の分だけではありません。配偶者や子供、孫の口座の履歴なんかも取り寄せたりします。それによって家族間のお金の流れを調べています。

たとえば、「亡くなった父親の通帳の2022年3月8日の出金が200万円。それに近い日付で家族名義の通帳に入金の記録はないかな？」こんな感じで調べているのです。

 ## アリバイ調査で所有者を洗い出す？

税務調査では、刑事ドラマでよく見るアリバイ捜査みたいなこともします。

たとえば、名古屋に住んでいる父親と、東京で働いている長男がいます。

「平日の日中に、長男名義の通帳に、父親の住んでいる名古屋の銀行で入金がされています。その日その時間、長男であるあなたはどこにいましたか？」と、税務署の職員が尋ねます。

それに対して、「東京で働いていました」なんて答えようものなら、「はてさて、この通帳は誰が持っていたんでしょうね？」なんて感じで、名義預金の存在が疑われるわけです。

 ## 名義預金として疑われやすい預金とは

収入がないのに大きな残高の家族名義の通帳や、入金の記録しかない通帳などは、税務調査の際に注目されることが少なくありません。

そのため、手続きや記録の保管など、適切な対応が必要になります。

なぜ、口約束で成立する贈与に証拠が必要なのか？

民法上の贈与対策に必要なことは2つ

　繰り返しになりますが、とにかく、贈与は「あげる・もらう・使える」の要件を満たしていないと成立しません。

　さらに、この「**贈与要件**」と合わせて、民法上の贈与対策として、やるべきことがもう1つあります。

　それは、「**贈与の事実を証拠に残す**」ことです。

　つまり、贈与要件の「あげる・もらう・使える」と、それをいつでも確認することができる「エビデンス」（証拠）の保全が必要になるわけです。

贈与要件 ＋ 贈与契約書等（エビデンス）

本来、贈与は口約束でも成立するが…

　ここで1つお断わりさせてください。本来、贈与は口約束でも成立します。

　父親が、「息子よ。これをお前にやる」。

　長男は、「親父、ありがとう！」。

　法律上も、これで贈与は成立します。

　ただし、対策の必要性は刑事ドラマと一緒です。

　必ず「証拠は？　アリバイは？」となるので、まず「あげる・もらう・使える」が、何十年先に誰が見ても客観的にわかるよ

うにしておくことが重要なのです。

 ## 贈与の事実を証拠で残す具体例

　贈与の要件を満たしていることを示す方法としては、次のような証拠の残し方があります。

> ①贈与のつど、必ず贈与契約書を作成する
> ②財産移転が明らかになる記録（金銭贈与であれば口座振替など）を残す
> ③贈与財産（金銭贈与であれば預金通帳や印鑑など）は、受贈者が自分で所有し管理する
> ④収入や支出（利子、配当、税金等）は、すべて受贈者に帰属させる
> ⑤暦年課税の贈与で基礎控除を超える場合は、贈与税の申告書を提出し納税する（≠贈与成立の証明）

　なお、上記⑤の具体例は、たとえば、基礎控除の110万円をわずかに超える111万円などで暦年課税による贈与を実行し、それに伴う贈与税の申告・納税を行なうことで、贈与が実際に行なわれたことの証拠を証明する方法です。

　しかし、この方法に関しては注意すべき点があります。詳しくは6−4項で説明しますので、併せてご確認ください。

できたらではなく絶対に、 贈与契約書を作成すべき理由

 贈与契約書は、絶対につくらないとダメですか？

上記見出しのような相談や質問を受けることがよくあります。

その相談や質問に対して私は、「絶対につくってください！」とお願いしています。

「でも、面倒くさいね」って、おっしゃる人が多いのですが、絶対に作成するように伝えています。

 贈与契約書がなくてもすぐに贈与は否認されないが…

でも、ここで1つだけお断わりさせてください。

贈与契約書は絶対につくるようにとお願いしましたが、実は、贈与契約書がないという理由だけで、ただちに贈与が否認されることはありません。

なぜなら、そんなことは法律に書いてないからです。

「贈与契約書の作成を条件に贈与を認めます」なんてことは、民法にも相続税法にも、贈与の要件として記されてはいません。

したがって、贈与契約書がないからといって、その贈与の事実は「即、ダメ」とはなりません。それにもかかわらず、贈与契約書の作成をお願いするのには訳があります。

それは、相続税調査の現場で、この贈与契約書が出てくると、その調査は本当にスムーズに進んでいくからです。

 贈与契約書があると相続税調査はスムーズ

税務署の職員もわかっています。

　前述したように、相続税の税務調査は、本人が亡くなってから数年後に行なわれます。しばらく期間が空いています。

　しかも、税務調査の際に応対するのは離れて暮らしていた子供だったりするわけです。そりゃぁ、わからないことや確認できない部分もあるよね、と調査にあたる税務署の職員も考えているのです。

　それでは、税務署の職員は調査の現場で何を見ているのでしょうか？　彼らは「心証」を見ています。

　「あぁ、この家族は、わかって対策をやっているな」。税務署の職員がそういう心証を得ると、本当に調査はすぅっと流れていきます。

　実際のところ、税務調査には、そんな一面があります。

　そこで、あらかじめ一手間をかけておくことで、将来の家族の負担が大きく軽減するわけですから、ぜひ、贈与契約書は作成してください。

贈与契約書を作成してほしいもう１つの理由

　贈与契約書を作成する理由には、税務調査対策だけではなくて、他の兄弟との関係の悪化を防ぐ目的もあります。

　たとえば、父親と同居している長男が、高齢の父親の通帳を管理しているようなケースです。

　「お兄ちゃん、お父さんのお金を勝手に使ったでしょ」

　もし、遺産分割協議の席で、他の兄弟からそんなことをいわれたとしても、贈与契約書がしっかりつくってあれば、「これは父と僕の当事者間で、ちゃんと合意のもとにやった贈与だよ」と証明することができます。つまり、家族の遺産分割トラブルを回避するためにも、贈与契約書は有益なのです。

贈与契約書の効き目をアップさせる必須テクニック

　そのテクニックとは、贈与契約書の署名を「**自署**」することです。最初からパソコンで名前を打ち込んではいけません。

　あげる人ともらった人が、それぞれ自署しておくことで、贈与契約書に記載された贈与の内容について、間違いなく当事者間で合意していたことが確認できます。

　実際に、「贈与ができている・できていない」が問題になるのは、ほとんどの場合、財産を贈与した人が亡くなった後です。

　そのときに、自署してある贈与契約書が出てくれば、「あ〜、この内容に関しては、あげたお父さんも了承していたんだな」と確認することができるわけです。

　しかし、これがパソコンで最初から名前が印字してあったらどうでしょう？　うがった見方をするのが仕事の税務署の職員なら、「長男さん、これは、いまつくったんじゃないの？」なんてことをいわれかねません。そんなふうに思われたとしたら、本当に残念ですよね。

　せっかく、相続対策として手間をかけるのであれば、その手間はかけがえのあるようにしてほしいです。ですから、贈与契約書の名前は、絶対に自署してください！

 ## 相続対策で効果的な贈与契約書の作成ポイント

　右にあげた贈与契約書の作成ポイントは以下のとおりです。
①贈与および受贈の意思を明確にすること
　　⇒契約書の日付と氏名は**自署**すること（文書作成時に氏名を印字しない）
②贈与の対象物を特定すること
③贈与財産の引渡し時期を明らかにすること

◎「贈与契約書」のモデル作成例◎

贈与契約書

贈与者○○○○（以下、甲）と受贈者○○○○（以下、乙）との間で、次のとおり、贈与契約を締結する。

第1条　甲は、下記の財産を乙に贈与するものとし、乙はこれを受託した。

　　（贈与財産）□□□□□　円

第2条　甲は、上記財産を　　年　　月　　日までに、乙に引き渡すものとする。

上記契約を証するために本契約書を作成し、甲乙署名押印のうえ、各1通を所有する。

　　　年　　　月　　　日

　　　　　　甲（贈与者）　住所　○○○○○○○○

　　　　　　　　　　　　　氏名　　　　　　　　㊞

　　　　　　乙（受贈者）　住所　○○○○○○○○

　　　　　　　　　　　　　氏名　　　　　　　　㊞

④契約日を明記すること（必要に応じて、公証役場で確定日付を付与してもらう）

⑤契約書は、贈与者および受贈者の双方が所有すること

5-9

驚きの真実。
最近の相続税の税務調査事績

相続税の実地調査事績

　令和2事務年度と令和3事務年度の相続税の税務調査（実地調査）による調査結果は下表のようになっています。

項　目	令和2事務年度	令和3事務年度
①実地調査件数	5,106件	6,317件
②非違件数（調査の結果、申告漏れがあったもの）	4,475件	5,532件
③非違（申告漏れの）割合　②／①	87.6%	87.6%
④重加算税（申告漏れのうち、悪質なもの）賦課件数	719件	858件
⑤重加算税賦課（悪質な申告漏れ）割合　④／②	16.1%	15.5%
⑥申告漏れ課税価格	1,785億円	2,230億円
⑦上記⑥（申告漏れ課税価格）のうち、重加算税賦課対象	319億円	340億円
⑧追徴税額・本税（申告漏れの相続税額）	416億円	486億円
⑨追徴税額・加算税（申告漏れに対する罰金の額）	66億円	74億円
⑩実地調査1件当たりの申告漏れ課税価格	3,496万円	3,530万円
⑪実地調査1件当たりの追徴税額	943万円	886万円

（令和4年12月・国税庁発表資料より）

「非違割合」に注目

　左の表は、国税庁のホームページに掲載されたものですが、毎年12月頃に最新の調査事績が公表されます。

　③の「非違割合」をご覧ください。非違割合とは、申告漏れが見つかった割合のことですが、いずれの事務年度も87.6％となっています。

　これは、言い換えれば、税務署が調査に訪れると、ほぼ9割は申告漏れを指摘されて、余分な税金を払うことになっているという現状です。

 ## モレていた財産は何？

　それでは、税務調査によってどんな財産が申告漏れしていたことが判明したのでしょうか。申告漏れとなっていた財産の内訳は以下のとおりです。

● 現金・預貯金等…32.2％　　● 有価証券…12.5％
● 土地…11.8％　　● 家屋…1.9％　　● その他…41.6％

　一番申告漏れしていた財産は、現金預金です。でも、注目してほしいのは「その他」です。

　この「その他」のなかには、家族・親子・夫婦のお金のやり取りによるものがたくさん含まれています。たとえば、親子で交わした「ある時払いの催促なしの貸し借り」などですね。

　つまり、相続税の調査現場では、家族間のお金のやり取りに、ぎゅっとアミがかかっているわけです。

贈与税の実地調査事績

　次に、贈与税の調査では、さらに驚愕の結果が出ています。申告漏れを指摘された非違割合は9割超え！　調べられたらほぼアウトの状態です。要するに、これだけ生前贈与は正しく行なわれておらず、税務調査で否認されているということです。

項　　目	令和2事務年度	令和3事務年度
①実地調査件数	1,867件	2,383件
②申告漏れの非違件数	1,769件	2,225件
③非違（申告漏れの）割合　②／①	94.8%	93.4%
④申告漏れ課税価格	109億円	175億円
⑤追徴税額	37億円	68億円
⑥実地調査1件当たりの申告漏れ課税価格	584万円	734万円
⑦実地調査1件当たりの追徴税額	201万円	287万円

（令和4年12月・国税庁発表資料より）

　この本を手に取っていただいている頃には、最新のデータが公表されていますので、ぜひ、そちらも確認してみてください。
　国税庁のホームページからは、以下のように検索します。
「国税庁のホームページ＞お知らせ＞報道発表」
https://www.nta.go.jp/information/release/index.htm

6章

生前贈与に関する
誤解・勘違い

定期贈与と連年
贈与を混同して
いませんか？

6−1

毎年、金額や時期を変える 贈与はアブナい！

 プロも勘違いしている「定期贈与」

　毎年、同じ時期に同じ金額を贈与し続けると、贈与開始のときにさかのぼって一括で課税される、と雑誌や国税庁のホームページにも書いてありました。

　たとえば、毎年100万円を10年間贈与したら、初回の契約時に、1,000万円の贈与があったものとして課税されるというものですが、本当でしょうか？

　これはウソです！
　そんなことはありませんから、どうかご安心ください。

　税金に詳しいプロでも勘違いされている人がいます。もう都市伝説みたいになっていますね。

　この贈与のしかたは、毎年、同じ時期に同じ金額を贈与することがダメなのではありません。
　最初の時点で、総額でいくら贈与するのかを当事者の間で合意してしまっていることがダメなのです。
　きっと、「**定期贈与**」のことを心配しているのだと思います。そこで、まずは、定期贈与について確認しておきましょう。

 定期贈与とは

　「定期贈与」とは、毎年の給付を目的として、初回の契約時に譲渡財産の総額が決まっている贈与のことをいいます。

具体的にいえば、次のようなケースです。

父親と長男の間で、最初に「1,000万円を贈与する」と決めてしまいます。しかし、一度に渡してしまうと、ドカンと贈与税がかかってしまいます。そこで、「毎年100万円ずつ10年かけて渡していくね」と2人で約束するのです。

この場合、贈与の3つのお約束ごとのうちの「あげる・もらう」という2つは、いくらで成立しているかといえば、最初の「1,000万円」ということになります。

では、「毎年100万円を10年間で贈与するとは何ですか？」というと、これは渡し方、要するに「決済方法」の話になるわけです。

税務署は、こういった理屈でもって、上記のケースについて定期贈与だと指摘してきますので、ご注意ください。

連年贈与と混同しない！

毎年同じ時期に同じ金額を贈与しても、別にまったく問題はありません。なぜなら、民法や相続税法がダメとは規定していないからです。

「生前贈与は1年おきじゃないとダメ」とか、「毎年、生前贈与は金額を変えないとダメ」なんてことは、法律のどこにも書いてありません。

毎年、繰り返し贈与することを「**連年贈与**」といいます。この連年贈与と定期贈与を混同している書籍やネットサイトの説明がすごく多いのです。

このことについても、十分に気をつけてください。

贈与の日付や金額を毎年変えるのは危険!?

　よく、税務署から定期贈与と指摘されないために、「贈与の日付や金額は毎年変えましょう」といった案内を見たことはありませんか？

　しかし、贈与の日付や金額を変えると、場合によっては、これは仮装隠蔽行為とみなされる恐れがあります。

　繰り返しになりますが、金額や日付を変えればよいわけではありません。

　あらかじめ総額が決まっている贈与について、定期贈与と認定されないために、作為的に金額や日付を調整しているとなれば、これは「ちょっと悪質な行為です」となってしまいます。

　つまり税務署は、この行為に対して、
①贈与税の負担を下げるために、
②移転する贈与財産の総額と期間を、
③契約時に当事者間であらかじめ合意したうえで、
④定期贈与と認定されないように、
⑤毎年の移転時期や金額を調整したもの
と判断し、毎年の贈与を否認してくる可能性があるということです。

　「贈与の時期や金額を毎年変えましょう」というアドバイスは、そのまま額面どおりに受け取るのではなく、「贈与の1回目に、当事者間で贈与の総額を合意してはいけません」という意図であることを覚えておいてください。

6−2

定期贈与で否認されるケースは たったの2つ！

実際に、相続税調査の現場で定期贈与を指摘されるケースは、2つしかありません。

 1枚にまとめてつくった贈与契約書はアウト！

1つ目のNGは、1枚にまとめてつくってしまった贈与契約書です。これはもう…マズいです。

でも、この1枚にまとめてつくってしまった贈与契約書は、相続税調査の現場で、時々、お目にかかります。

亡くなった父親が、生前に総額で1,000万円やると子供と約束をして、毎年100万円ずつ10年間、お金を渡していました。後で困らないようにと、贈与契約書もばっちり作成済みです。

ここまでは完璧でした。ただし、問題が1つ。贈与契約書が1枚でつくってあったのです。

贈与契約書は、自宅に大事にしまってあります。そして、税務調査のときに、「うちのお父さんは、いろいろ考えて対策していたんですよ。贈与契約書もつくってあって…」なんて感じで、母親が贈与契約書を出してしまいます。

そこには、「1,000万円を贈与する」と書いてありますから、アウト！　ということになるわけです。

このケースでは、何が問題かはもうおわかりですね。
「総額でいくら」という贈与契約書を作成してはダメという

115

ことです。

　また、後から慌てて、いままでの分を1枚にまとめた贈与契約書も作成しないでください。そんなことをしなくても、贈与契約書に関しては、定期贈与といわれないもっと簡単な方法があるのです。

定期贈与と認定されないためには

　その方法は、「贈与契約書を毎年作成する」ということです。こうするだけで、定期贈与を疑われる確率は大きく下がります。

　暦年課税の「暦年」とは、「1年」という意味です。

　つまり、今年は今年、来年は来年、来年のことは来年になってみないとわからない。でも、1年経ってみたら、やっぱり、去年と同じ時期に同じ金額を今年も贈与しました。これが10年積み重なって1,000万円になったのであれば、まったく問題はありません。

　その事実については、贈与のつど、贈与契約書をつくっておくことで、毎年100万円の贈与が10年たまって総額1,000万円になった、ということの証明になります。

　父親が、「毎年100万円ずつ基礎控除の範囲内で贈与して、総額で1,000万円くらいは渡してやりたいな」と、そんなことを考えていたとしても、それは大丈夫です。

　普通、対策なんて中長期的に計画を立てますから、当然といえば当然のことです。

　ただし、そのことを子供と最初の贈与の時点で約束してはいけません。さらに、よかれと思って「総額で1,000万円をあげる」なんて贈与契約書をつくることもNGです。

贈与契約書の作成が面倒くさい人には…

えっ！　毎年、贈与契約書をつくるのが面倒？　他の方法はないのかですって？　そうですね。たしかに毎年つくるのは面倒くさいですよね。

では、毎年、贈与契約書なんかつくらなくても、税務署に定期贈与といわれずに、大事な家族へ大事なお金を簡単に渡していく方法があるとしたら、興味がありますか？

もし、興味があれば、後述の9－6項で紹介していますので、そちらもぜひご覧ください。

 ## 自動送金サービスでの資金移動もＮＧ！

ＮＧは２つあるといいましたが、もう１つのＮＧは「**自動送金サービス**」です。金融機関のサービスを使って、生前贈与の資金を毎年移動していくケースですが、実はこれもリスクが大きいです。

自動送金サービスとは、金融機関で取り扱っているサービスです。名称はそれぞれ違いますが、ほとんどの金融機関で取り扱っています。①決まった時期に、②決まった相手へ、③決まったお金を送金するというサービスです。

なぜ、この自動送金サービスが問題なのでしょうか？

実は、この自動送金サービスは、申込みの際に期間と総額を設定します。５年間で500万円といった感じです。これはまさに、前述した「お前に1,000万円あげる」と同じ状態です。

つまり、サービスを開始する時点で送金（贈与）の総額を当事者間で合意してしまっているのです。

金融機関の自動送金サービスは、生前贈与を便利に実行するためのしくみではありません。くれぐれもご注意ください。

6-3

未成年者には暦年課税による 贈与はできない？

 暦年課税の贈与に年齢制限なし！

　暦年課税の贈与に年齢制限はありません。未成年者への贈与も有効です。

　しかし、この話をすると、お客様からいわれます。「いやいや、ウチの孫は1歳です。『あげる・もらう・使える』お約束を実行するのは無理でしょう？」…たしかに無理ですね。

　したがって、贈与で財産をもらう人が未成年の場合には、「あげる・もらう・使える」という贈与の証拠については、未成年の本人に代わって、親権者である父親と母親が行ないます。

 受贈者が未成年の場合の贈与対策

　おじいちゃんが未成年である孫へ財産を贈与するとします。しかし、孫は未成年ですから、自分で「あげる・もらう・使える」を実行することはできません。

　贈与財産が金銭の場合は、たとえば祖父が手元に孫の通帳を所有していると、名義預金になってしまいます。そこで、金銭を贈与する場合は、親権者である孫の父親と母親が、孫名義の通帳を所有・管理します。

　また、証拠に関しては、贈与契約書であれば、未成年の子や孫に代わって、親権者である両親が自署します（右の作成例を参照）。

　なお、財産をもらう人が親権の保護下にあるうちは、未成年の子や孫は、贈与の事実を知らなくても問題ありません。

贈与契約書

贈与者○○○○（以下、甲）と受贈者○○○○（以下、乙）との間で、次のとおり、贈与契約を締結する。

第1条　甲は、下記の財産を乙に贈与するものとし、乙はこれを受託した。
　　（贈与財産）□□□□□　円
第2条　甲は、上記財産を　　年　　月　　日までに、乙に引き渡すものとする。

上記契約を証するために本契約書を作成し、甲乙署名押印のうえ、各1通を所有する。

　　　年　　　月　　　日
　　　　　　　　甲（贈与者）　住所　○○○○○○○○
　　　　　　　　　　　　　　　氏名　　　　　　　㊞
　　　　　　　　乙（受贈者）　住所　○○○○○○○○
　　　　　　　　　　　　　　　氏名　　　　　　　㊞
　　　　　　　　乙の親権者　　住所　○○○○○○○○
　　　　　　　　　　　　　　　氏名　　　　　　　㊞
　　　　　　　　乙の親権者　　住所　○○○○○○○○
　　　　　　　　　　　　　　　氏名　　　　　　　㊞

　また、この子のためになると親権者が判断した場合には、もらった財産を親権者が使っても大丈夫です。ただし、財産をもらった人が成人する際には、「これからは自分で管理していきなさい」と、通帳と印鑑を渡すのが正解です。

よかれと思ってやった 111万円贈与の失敗事例

111万円の暦年課税による贈与はもろ刃の剣

111万円を暦年課税で贈与して、贈与税の申告と1,000円の贈与税を納税しておけば、税務署が贈与の事実を証明してくれると聞いたことがあります。本当でしょうか?

贈与額111万円から基礎控除の110万円を引くと1万円。この1万円に贈与税の最低税率10%をかけて1,000円。これが贈与税の一番少ない金額です。

111万円 − 110万円（基礎控除） = 1万円

1万円 × 10% = 1,000円（贈与税）

これに関しては、贈与税の申告と納税をしただけでは贈与の成立にはならないので、ご注意ください。

民法上の贈与対策には2つのことが必要

民法上の贈与対策には、2つのことが必要でしたね。「贈与の事実」と「それを確認できる証拠」です（102ページ参照）。

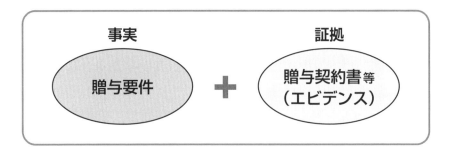

　贈与が成立するためには、民法で規定する要件である「あげる・もらう・使える」をまず満たなければなりません。

　そして、もう1つは、贈与要件を満たしたことがわかる証拠が必要です。

　本来、贈与は口約束で成立します。

　しかし、贈与対策は刑事ドラマと一緒です。後になって、「証拠は？　アリバイは？」ということになりますから、何十年先に誰が見ても、「あげる・もらう・使える」ができていることをわかるようにしておく必要があります。

　ところが、証拠だけをつくっておけば、贈与の成立が証明できると勘違いしているケースが見受けられます。

　しかしあくまでも、贈与要件の成立があったうえでの証拠の保全になります。

　したがって、贈与税の申告と納税や、贈与契約書の作成が、贈与を成立させるわけではありません。

111万円贈与の失敗事例

　では実際に、よかれと思って行なった「111万円贈与」の失敗事例を紹介しておきましょう。

　父親は名古屋に住んでおり、長男は東京で働いています。父親は手元に長男名義の通帳を持っています。

　父親が、この通帳に111万円を入金しました。そして、父親は長男の名前で贈与税の申告書を提出し、1,000円の贈与税を納めていました。

　ところが、長男は、この事実をまったく知りませんでした…。

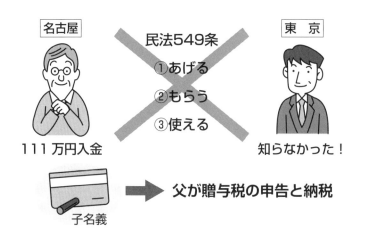

名古屋

民法549条
①あげる
②もらう
③使える

東 京

111万円入金

知らなかった！

子名義 ➡ 父が贈与税の申告と納税

　このケースの場合、贈与は成立していませんね。

　なぜなら、父親と子供の間で、「あげる・もらう」ということが実行できていないからです。

　実態としては、父親が贈与に見せかけて、申告と納税の事実で証拠だけをつくってしまった行為にほかなりません。

　繰り返しになりますが、贈与税の申告と納税をしたからといって、贈与が成立するわけではありません。

　では、父親が行なった贈与税の申告と納税は何だったかといえば、これは、誤って提出された申告書と、誤って納めた贈与税という扱いになってしまうのです。

 仮装隠蔽行為に当たるとして重加算税の恐れも！

　そもそも、贈与税の申告と納税は、もらった人が行なうものです。

　また、最近は、どこの場所で納税したか、すべて確認することができます。銀行で納税手続きをしたのならば、どこのＡＴＭでお金を出し入れしたのかも、丸わかりです。

　父親の生活圏内で、離れて暮らす子供の贈与税の納税事実が
あれば、やはり税務署は、「名義預金」を疑うわけです。さら
に、このケースの父親の行為は、事実と異なる虚偽の行為、悪
質な仮装隠蔽行為にあたるとして、重加算税まで課税されてし
まう恐れもあります。

111万円贈与で名義預金懸念先リストに？

　「毎年、判で押したように1,000円とか2,000円の贈与税を納め
ている納税者は、もしかしたら、贈与の成立要件をすっ飛ばし
て、申告と納税だけを行なっている人かもしれない。もしかし
たら、親は手元に名義預金を持っているかもしれない」

　こんなふうに課税当局は考えて、「名義預金懸念先リスト」
として、ＫＳＫ（国税総合管理）システムに取り込んでいるな
どという話も、まことしやかに聞こえてきます。

　贈与税の申告と納税で、贈与の事実を証拠として残す方法は、
非常に証拠力の高い対策のしかたです。

　ただし、その場合にも、贈与の成立要件である「あげる・も
らう・使える」を満たしていることがまずは大前提だというこ
とを知っておきましょう。

6-5

贈与してもらったことは
兄弟にバレるの？

 兄弟が受けた贈与の様子が気になる人は

　贈与に関する申告内容の開示については、次のようになっています。

	暦年課税制度	相続時精算課税制度
申告内容の開示	相続開始前７年以内	対象

　つまり、この開示制度を利用することによって、相続時には他の相続人にも贈与額が明らかになります。

　「自分だけ贈与してもらったことがわかってしまうのでは？」「うちの孫は贈与してもらっていないけど、兄貴のところはどうなんだろう？」といった感じで、兄弟が贈与された様子が気になる人もいると思います。

 贈与税の申告内容の開示請求手続

　贈与税には、上表にあげたように申告内容の開示を請求できる制度があります。この制度を使うと、他の相続人等が、相続時精算課税制度や相続開始前７年以内の暦年課税で、いくら贈与を受けたかについて、問い合わせることができます。つまり、贈与してもらったことを他の兄弟には知られたくないと思っても、わかってしまうのです。

　もっとも、開示してもらえるのは合計金額だけで、いつ、何をもらったかまではわかりません。また、申告をしていない基

124

礎控除の範囲内の贈与については、税務署にも情報がないので開示されることはありません。

しかし、相続時精算課税制度であれば、毎年の基礎控除を超えた部分については、何十年分であっても対象期間の合計金額がわかります。さらに、孫へ相続時精算課税制度を使って贈与した場合については、どの孫に対して贈与があったかもわかってしまいます。

他の相続人等が受けた贈与について確認できる事項

令和6年以降、他の相続人が受けた贈与について確認できる事項は次のようになっています。

> 贈与税の申告書に記載された贈与税の課税価格の合計額
> ①相続開始前3年以内の暦年課税による贈与
> ②相続開始前3年超〜7年以内の暦年課税による贈与（100万円控除後の残額）
> ③相続時精算課税制度の適用を受けた贈与のうち、基礎控除後の金額

実際には、一部の子供だけに贈与を行なっているケースもあるでしょう。また、必ず全員に均等に贈与しなければいけないわけでもありません。だからこそ、贈与の有無や金額の違いがトラブルの原因を招くことがないように、配慮が必要です。

なお、この開示請求手続きは、自分自身の贈与について知ることはできません。自分が受けた贈与の時期や財産に関して確認する場合は、「申告書等閲覧サービス」もしくは「個人情報開示請求」という別の手続きで対応します。

タンス預金は
ＫＳＫシステムでバレる！

 誰も知らないはずのタンス預金がバレる理由

　最近の相続税の税務調査では、亡くなった人が自宅にどれぐらいの現金を持っていたか、かなりの精度でピタリと当ててきます。

　なぜ、そんなことができるのかといえば、いま、税務署には「ＫＳＫシステム」なるものが存在しているからです。

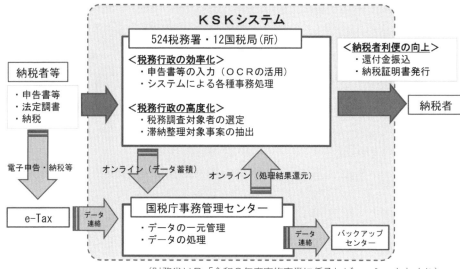

（財務省ＨＰ「令和３年度実施事業に係るレビューシート」より）

 あな恐ろしや…国税総合管理（ＫＳＫ）システム

　「国税総合管理（ＫＳＫ）システム」とは、平たくいえば、コンピューターシステムです。そして、このシステムは全国の国税局や税務署とつながっています。

さらに、少々荒っぽい言い方をすれば、最近の税務調査の対象は、税務署の職員ではなくて、このシステムが決めているといっても過言ではありません（汗）。

ＫＳＫシステムは、蓄積された日本中の納税者情報を使って、平均や統計を出すのが得意です。その分析の結果、平均から外れたバランスの悪い納税者を調査の対象先としてリストアップしてくるしくみになっています。

 ## 税務署は“溜まり”を見ている

私たち、税理士の業界では、よく「税務署の人は“溜まり”を見ますよ」なんて言い方をします。

課税当局は必ず、この“溜まり”の仮説から出発します。ちなみに、この“溜まり”は、比較的、簡単に計算することが可能です。なぜなら、年末調整や確定申告で、私たちの毎年の所得情報を税務署は把握できているからです。

ＫＳＫに入力された毎年の所得状況を積算すれば、亡くなった人の稼ぎっぷりと、家族の使いっぷりから、「だいたい、これぐらいの財産が“溜まっている”はず」なんてことがわかるわけです。しかも、これをコンピューターで分析するので、最近の税務調査の精度は、相当に上がっています。

 ## さらに、新システムが登場!?

国税庁では、令和8（2026）年度の本格導入に向けて、次世代システムの開発を進めているそうです。こうなってくると、私たちの財産状況は、もう完全にロックオンされていると考えたほうがよいでしょう。

そこでこれからは、「どこをどう見てもらっても大丈夫！」、そんな心意気で対策をしていきましょう。

現金手渡しの贈与ならバレない？

現金贈与はわかりにくいからベスト？

「タンス預金がわかってしまうなら、現金を家族へ贈与するようにすれば、さすがに税務署もわからないのでは？」

よく、こんな質問をいただきます。でも、実は、相続税調査で、わからなくて困るのは、税務署ではなくて家族です。

現金贈与をめぐる税務調査官とのやり取り

立証責任がどちらにあるかは置いといて、相続税調査の現場の様子を話しておくと、税務署の職員は、とにかく、証拠を見せてほしいといってきます。

そのときに、「いついつ、こういう経緯で贈与してもらいました」ということが提示できれば、話としては終わりです。

悪魔の証明をするのは誰？

ところが、現金手渡しとなると、記録や証拠が何もありません。つまり、「ないものはない」という悪魔の証明です。

その悪魔の証明は誰がするのか？　贈与で財産をもらった家族です。当然、家族は困ってしまいます。なぜなら、証明のしようがありませんから。

残念ながら、税務署の職員は、察しのいいい人たちではありません（もちろん、それが仕事だからなんですけど）。

納得もしないうちに、「まぁ、そうですよね。もういいです

よ」なんてことは、絶対にいってくれません。ですから、いつまでたっても税務調査は終わりません。

すると、家族も根負けしてしまいます。
「もう説明のしようがないから、税務署のいうとおり、財産が漏れていたってことでけっこうです」みたいな感じで幕引きをはかります。

結局、贈与の経緯がわからなくて困ったのは、税務署ではなくて、大事な家族のほうでした、という結末です。
つまり、証拠がなくて困るのは、相手（税務署）ではなくて、当事者なのです。

相続対策の成功の秘訣は「わかりやすい」こと

生前贈与に限らず、相続対策は、誰がいつ見てもわかるように、わかりやすい対策をしておくこと。わかりやすい手段や方法で対策をしておくこと——これがすごく大事です。

したがって、現金を贈与される場合には、手渡しではなくて、必ず贈与する人の銀行口座から、贈与される人の銀行口座へ振込みなどの方法で、お金の流れ（誰から、いつ、いくら、どうやって）がわかるように渡してください。

名義預金が判明しても、こうしておけばバレない？

 名義預金を解消する方法のＮＧ事例

　贈与できていると思っていたのに、名義預金だと判明した。では、この名義預金はどうすればよいのでしょう？

　このときに、やってはいけない名義預金の解消方法のＮＧ事例を紹介しておきましょう。

①名義預金をそのまま渡す

　自分の手元にある息子名義の銀行預金が名義預金であることはハッキリしました。その際に、この通帳を名義人である息子にそのまま渡すのはＮＧです。

　なぜなら、通帳を渡したときのその金額（通帳残高）で、贈与が成立してしまうからです。

　贈与は、あげる人ともらう人がお互い合意することで成立します。つまり、名義預金の残高でもって「あげる・もらう・使える」が成立してしまうので、どうか通帳を安易に渡すことは控えてください。

②名義預金をそのまま使う

　名義預金だとわかっても、それを安易に渡してしまうと、渡したときが贈与です。では、渡さないで使ってしまえばいかがでしょう？

　たとえば、息子の必要な支払いを名義預金から出してあげる、といったケースです。「名義預金はマズイ！」ということで、

父親が通帳の名義人である息子のお金として使ったわけです。

　一見、問題なさそうですが、実はこれも大問題です。なぜなら、名義預金の中身は父親のお金だからです。

　税務ではあくまでも、**誰の財産かは所得の源泉（誰の稼ぎによるものか）で判断**します。

　名義預金を使ったとなれば、それは父親のお金を息子の支払いのために使ったわけですから、その使った分は当然に贈与となります。

③名義預金を放置する

　もう面倒ですから、名義預金はそのまま放置しておきますか？

　しかし、その結果、困ってしまうのは、大事な家族の皆さんです。税務調査で名義預金の財産漏れが指摘されてしまうと、本来、負担しなくてもよかった加算税や延滞税などもかかってきます。

　さらには、名義預金の分割をめぐって、子供たちの喧嘩の原因にもなりかねません。なぜなら、名義預金には法的効力がないからです。

　息子の名前が書かれたポチ袋に入れられた現金。これが、名義預金の正体です。ですから、名義預金をそのままにしておいても、家族は誰もハッピーにはなれません。

　本当に、ちょっとしたポイントや勘所を押さえているかどうかで、対策の結果は大きく変わってきます。

　でも、安心してください。当事者の人たちが元気ならば、名義預金を正しい形に是正することは可能です。気になる人は、ぜひ9－9項をご覧ください。

6−9

生活費の贈与でも
非課税にならないことも

 生活費の贈与はすべてが非課税ではない！

　扶養義務者からの生活費の贈与は非課税です。ただし、どんな場合でも非課税というわけではありません。「通常必要と認められるもの」は非課税とされていますが、これは非常に抽象的な表現です。

　そこで、この点について、国税庁がQ＆Aで見解を示している2つの設例で確認しておきましょう。

 「通常必要と認められるもの」の考え方

[Q1−2] 贈与税の課税対象とならない生活費又は教育費に充てるために贈与を受けた財産のうち「通常必要と認められるもの」とは、どのような財産をいいますか。

[A] 贈与税の課税対象とならない生活費又は教育費に充てるために贈与を受けた財産のうち「通常必要と認められるもの」とは、贈与を受けた者（被扶養者）の需要と贈与をした者（扶養者）の資力その他一切の事情を勘案して社会通念上適当と認められる範囲の財産をいいます。

（下線は筆者）

 「通常必要と認められるもの」の具体例

[Q5−1] 子が居住する賃貸住宅の家賃等を親が負担した場合、贈与税の課税対象となりますか。

［Ａ］扶養義務者相互間において生活費に充てるために贈与を受けた場合に、贈与税の課税対象とならない「生活費」とは、その者の通常の日常生活を営むのに必要な費用（教育費を除きます）をいい、通常の日常生活を営むのに必要な費用に該当するかどうかは、贈与を受けた者（被扶養者）の需要と贈与をした者（扶養者）の資力その他一切の事情を勘案して社会通念上適当と認められる範囲かどうかで判断することとなります。

したがって、子が自らの資力によって居住する賃貸住宅の家賃等を負担し得ないなどの事情を勘案し、社会通念上適当と認められる範囲の家賃等を親が負担している場合には、贈与税の課税対象となりません。

（下線は筆者）

判断のポイントは贈与を受ける者の状況

　［Ｑ１－２］では、贈与を受けた者（被扶養者）の需要を勘案すべしといっています。言い換えれば、需要とは「必要性」のことです。つまり、自分だけでは生活をまかなえず、他者の支援を必要としている状況かどうかということです。

　さらに、［Ｑ５－１］では、子が自らの資力によって居住する賃貸住宅の家賃等を負担し得ない場合など、具体的な状況を例示しています。

　要するに、自分でバリバリ働いている息子が、父親に生活費を出してもらって、いつでも非課税ということにはなりませんよ、という話です。

　なお、Ｑ＆Ａの出典は、国税庁「扶養義務者（父母や祖父母）から『生活費』又は『教育費』の贈与を受けた場合の贈与税に関するＱ＆Ａ」です。

https://www.nta.go.jp/law/joho-zeikaishaku/sozoku/131206/index.htm

実は110万円の基礎控除は
期間限定かもしれない？

 基礎控除の110万円は暫定的な金額？

　相続税と贈与税の一体化へ向けて、令和5年度の税制改正で、暦年課税制度と相続時精算課税制度が近づいた感じになりました。相続時精算課税制度にも110万円の基礎控除が設けられたのは大変に喜ばしいことです。しかし、途中でハシゴを外されないか少し心配しています。

　なぜなら、条文の書き方が何とも怪しいからです。この相続時精算課税制度の基礎控除は、相続税法には60万円と書いてあります。えっ！　110万円じゃないの？　って思いますよね。でも、相続税法には60万円と書いてあるのです。

　では、110万円とはどこに書いてあるのでしょう？　実は、暦年課税制度も同じなのですが、租税特別措置法という法律に書いてあります。

　租税特別措置法とは、政策目標を達成するために期間を限定して一時的に定められた法律（時限立法）のことです。時の政権の都合で簡単に変えやすい臨時的な法律ともいえます。

【暦年課税制度の基礎控除】

＜相続税法＞
第21条の5　（贈与税の基礎控除）
　贈与税については、課税価格から**60万円**を控除する。

【相続時精算課税制度の基礎控除】

<相続税法>

第21条の11の2 （相続時精算課税に係る贈与税の基礎控除）

　相続時精算課税適用者がその年中において特定贈与者からの贈与により取得した財産に係るその年分の贈与税については、贈与税の課税価格から**60万円**を控除する。（後略）

【暦年課税制度の基礎控除の特例】

<租税特別措置法>

第70条の2の4 （贈与税の基礎控除の特例）

　平成13年1月1日以後に贈与により財産を取得した者に係る贈与税については、相続税法第21条の5の規定にかかわらず、課税価格から**110万円**を控除する。（後略）

【相続時精算課税制度の基礎控除の特例】

<租税特別措置法>

第70条の3の2 （相続時精算課税に係る贈与税の基礎控除の特例）

　令和6年1月1日以後に相続時精算課税適用者がその年中において特定贈与者からの贈与により取得した財産に係るその年分の贈与税については、相続時精算課税に係る贈与税の課税価格から基礎控除**110万円**を控除する。（後略）

　したがって、暦年課税と相続時精算課税制度の基礎控除の110万円は、あくまでも暫定的な金額ということになります。

そうなると、一度選んだら撤回できない相続時精算課税制度は、110万円の基礎控除に釣られて安易に利用しても大丈夫？　といった心配もあるわけです。

後だしジャンケンでルールが変わるなんて、とんでもないと思いますが、すでに相続時精算課税制度は、過去においてその洗礼を受けています。

もともと、相続時精算課税制度は平成15年にスタートしましたが、当時の相続税の基礎控除は、「5,000万円＋法定相続人の数×1,000万円」でした。

「だったら、うちは相続税はかからないから、先にもらって有効活用しよう！」と考えて、相続時精算課税制度を選択した人がたくさんいました。

ところが、皆さんも記憶に新しい平成27年から、相続税の基礎控除は「3,000万円＋法定相続人の数×600万円」に引き下げられました。

その結果、相続税がかからないからということで、相続時精算課税制度を選択したにもかかわらず、税制改正で相続税がかかることになってしまった、という事象が起こったわけです。

しかし、これは今後の税制改正でも大いにあり得る話です。そう考えると、相続時精算課税制度を選択する理由が、110万円の基礎控除では心配です。

将来的に、基礎控除110万円の金額が変わる可能性はゼロではありません。したがって、基礎控除はあくまでも副次的な効果であって、相続時精算課税制度を選択する理由は、もっと他の目的や効果のためであるべきだと、私は考えています。

7 章

暦年課税と相続時精算課税の
有利・不利

孫に対する最適
贈与を多面的に
考えてみましょう。

7−1

ズバリ、110万円贈与を
やるならどちらがお得？

暦年課税と相続時精算課税制度の生前贈与加算

　税負担に関して、暦年課税と相続時精算課税制度のどちらを
使ったほうが有利になるかは、贈与の対象者や期間、金額など
によって当然、変わってきます。

　そこで、判断要素の1つである生前贈与加算の取扱いについ
て、両者の違いを確認していきましょう。

【暦年課税】（図は財務省資料より）

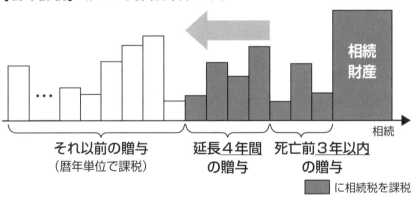

　暦年課税に関しては、最長で相続開始前7年分の贈与が加算
対象です。改正で延長された4年分の贈与からは、総額で100
万円までは加算不要ですが、それ以外の対象期間内の贈与はす
べて加算しないといけません（図は28ページの再掲）。

　たとえ、年間110万円の基礎控除を超えていなくても、5,000
円でも1,000円でもすべて加算となります。

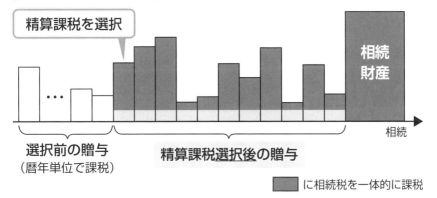

【相続時精算課税制度】（図は財務省資料より）

精算課税を選択

相続財産

相続

選択前の贈与
（暦年単位で課税）

精算課税選択後の贈与

に相続税を一体的に課税

　一方、相続時精算課税制度に関しては、毎年110万円以下の贈与であれば、一切加算する必要はありません（図は30ページの再掲）。

　国も、国民が相続時精算課税制度を選択してくれることを期待して、あえてこのような制度設計にしたのでしょう。

有利・不利の判定

①110万円以下で繰り返し贈与するケース

　仮に、10年間贈与した後に相続が開始されたとすると、暦年課税の場合は、最大で670万円（110万円×7年－100万円）が相続財産に加算されます。基礎控除以下の贈与を繰り返すのであれば、相続時精算課税制度のほうが有利といえます。

②110万円を超えて繰り返し贈与するケース

　暦年課税の場合は、相続開始前7年を超えた贈与については、基礎控除を超えた部分の金額も含め、まったく加算する必要はありません。贈与金額が多い贈与を早い時期から始められれば、暦年課税のほうが有利になるケースが多くなります。

「贈与者」のコンディションで 贈与制度を考えてみる

 ## あげるほう（贈与者）を軸として考えてみる

　暦年課税か相続時精算課税制度のどちらで贈与を行なうとよいかについては、贈与する相手や期間、金額によって、さまざまなパターンが考えられます。

　その判断要素の1つに、贈与者のコンディションがあります。つまり、あげるほう（贈与者）の年齢や健康状態に応じて、贈与の課税制度を選択するというものです。

 ## 2つの贈与制度の特徴

①**暦年課税**（長くコツコツ続けていくのであれば有利）

●加算対象期間を経過した贈与は戻さなくよい

●相続税との税率差を利用した資産移転も可能

②**相続時精算課税**（相続が近いタイミングであれば有利）

●基礎控除以下の贈与は持ち戻し加算が不要

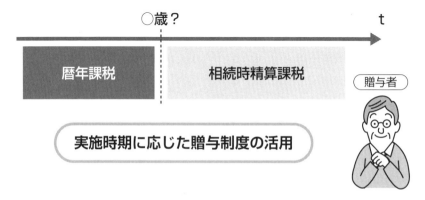

実施時期に応じた贈与制度の活用

140

暦年課税から相続時精算課税へ移行する

　若いうちや健康な時期は暦年課税を選択し、高齢になるか健康に不安を感じたら、すぐに相続時精算課税制度へ切り替える、これが一般的なセオリーといえます（左ページ下図参照）。

　ただし、このセオリーが自分に当てはまるかどうかは、一概にはいえません。絶対の法則ではありません。

　相続対策を進めるうえでは、予期しない事態が起こることも十分に考えられます。したがって、贈与制度を選ぶ際は十分な注意が必要です。

考えられる想定外の一例

【暦年課税の想定外】

　若くて元気だからと暦年課税で贈与を7年間実行。ところが、その後、病気が発覚。余命半年の宣告を受けました。その結果、すでに実施した贈与がすべて相続財産に加算になってしまいました。

【相続時精算課税制度の想定外】

　暦年課税で高額の贈与を続けていたが、80歳を機に相続時精算課税制度での110万円の贈与に切り替えました。ところが、その後、100歳まで生きて、あと10年間は高額贈与を続けても、持ち戻し加算の影響を受けませんでした。

時期や状況により2つの贈与制度を使い分ける

　有利・不利を見極めるには、さまざまな要素を検討する必要があります。とはいえ、贈与を行なう側の状況に合わせて、初めは暦年課税を選び、後に相続時精算課税制度へと切り替える方法は、効果的な対策の1つとして考えられます。

贈与の相手と制度の工夫で 相続時の加算を回避する

 生前贈与加算を回避したいなら…

子（相続人）	子の配偶者	孫（成人）	孫（未成年）

暦年課税 **精算課税**	**暦年課税**	**暦年課税** **精算課税**	**暦年課税**

　財産をもらうほう（受贈者）と贈与制度で考えれば、①生前贈与加算の対象外となる子の配偶者や孫に対しては、暦年課税で贈与するとか、②110万円までの生前贈与でいいのなら、相続人である子には、令和6年以降の生前贈与は相続時精算課税制度で行なっていくといった具合で考えれば、生前贈与加算を回避することができます。

　令和5年度の税制改正にあたっては、相続権のない子の配偶者や孫に対しても生前贈与加算の対象者にすべきという議論もあったようです。

　しかし、この点については改正には至りませんでした。そこで、暦年課税で贈与を行なっていく際は、生前贈与加算の対象にはならない相手への贈与を、これまで以上に上手に活用していくべきです。

贈与制度の特徴に応じた税効果の比較

下表は、受贈者ごとの税効果を比較したものです。税の軽減効果に有利に機能する場合は○としています。

なお、子の配偶者や孫は、相続の際に、遺言や死亡保険金で財産を受け取っていないものとします。

	生前贈与加算		暦年課税の税率
	暦年課税	精算課税	
子	△ 3〜7年	○ なし	○ 特例
子の配偶者	○ なし	× 対象外	× 一般
孫（成人）	○ なし	○ なし	○ 特例
孫（未成年）	○ なし	× 対象外	× 一般

【生前贈与加算の対象から外れるための贈与制度の選択】
- 子（相続人）または成人した孫
  ⇒相続時精算課税制度で基礎控除内の贈与
- 子の配偶者や孫
  ⇒暦年課税

【暦年課税の税率】

子や成人した孫に対する暦年贈与は、特例税率が適用できます（2-3項参照）。また、特例税率は、高額贈与の場合に効果があります。

したがって、基礎控除を超える高額贈与をするのであれば、①生前贈与加算がなくて、②特例税率が適用できる**成人した孫**がもっとも贈与税を軽減できます。

7章

暦年課税と相続時精算課税の有利・不利

143

孫に対する最適贈与を
多面的に考えてみると…

 孫が選択可能な贈与制度とは

　孫に対して選択できる贈与制度は下表のとおりです（2－4項、7－3項参照）。

　また、成人した孫には、暦年課税であれば特例税率が適用されます。さらに、相続時精算課税制度も選択が可能です。

	暦年課税	相続時精算課税
孫（成　人）	○：特例税率	○
孫（未成年）	○：一般税率	×

 孫への暦年課税は2割加算も対象外

　孫への暦年課税は、相続税の2割加算の対象外です。

　相続税法上、財産を取得した人によって、相続税が2割増となる取扱いが存在します。しかし、相続権を持たない孫へ行なわれる暦年課税の贈与には、この2割加算は適用されません。

　一方、相続時精算課税制度で受け取った贈与財産については、毎年の基礎控除分を除き、相続が発生した際にすべて加算されます。計算の結果、相続税が課税される場合には、2割加算が適用されることになるので、注意が必要です。

 成人した孫の目標を支える相続時精算課税の活用

　成人した孫は、両親と、父方と母方の祖父母の合計6人から相続時精算課税制度で贈与を受けることが可能です。

その場合、適用可能な特別控除額は、最大で１億5,000万円（2,500万円×６人）になります。

多くの場合、生前贈与は節税対策として利用されます。
とはいえ、孫の進学や起業への支援といった資金援助も、相続時精算課税制度の特別控除を活用することで、実行することが可能になります。

 ## 税金を取られる機会が１回減る！ 世代飛ばし効果

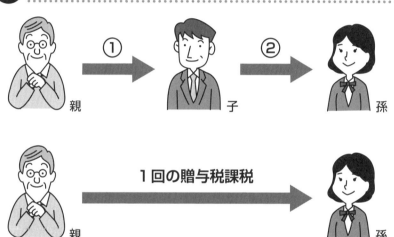

相続の場合、①「親から子へ」、②「子から孫へ」の２回、相続税が課税されることになります。
それに対して、親から孫への贈与であれば、１回の贈与税課税で資産移転が完結します。
以下のケースの贈与については、「**世代飛ばし効果**」があります。
● 暦年課税（生前贈与加算の対象者でないこと）
● 相続時精算課税：令和６年以降の毎年の基礎控除以内の贈与

7-5

財産をもらう相手は
1人でなくてもよいのでは

複数の相手からの贈与と「目的」の明確化

| 父 | 母 | 祖父 | 祖母 |

贈与者
（あげる人）

　生前贈与で財産を受け取る相手は、必ずしも1人に限られません。

　「父と母」または「父と祖父」といったように、複数の人から贈与を受けることが可能です。ここで大切なのは、贈与の「目的」を明確に持つことです。

　目的が明確でないまま贈与を進めてしまうと、単に贈与すること自体が目的になりがちです。

　しかし、何の目的も定まっていない、少し多めのお小遣いのような資産やお金のあげ方は、上手な贈与の活用法とはいえません。

　そこで、生前贈与を効果的に活用するためには、まずもって、贈与の目的を明確にすることが重要です。

　その目的には、以下のようなことが考えられると思います。

【目的①】資産を効率的に移転・複数の受贈者への同時贈与
　生前贈与は、資産を効率的に家族に移転する方法として効果

的です。

　特に、複数の相手へ同時に贈与を行なうことで、資産移転の
スピードアップが図れ、相続税の対象となる資産を圧縮するこ
とが可能です。

　これは、大きな資産を持つ人々にとって、将来の税金の負担
を軽減するための重要な対策となり得ます。

【目的②】贈与者の老後や介護に備える

　父母や祖父母の認知症に伴う資産凍結に備えるケースです。

　最近では、認知症対策の一環として家族信託も活用されてい
ますが、生前贈与を使って子や孫に現金を移し、もしもの場合
に備えることも可能です。

　ただし、この場合には、資金移転に伴う課税負担が課題とな
ります。110万円の基礎控除に加え、相続時精算課税制度の特
別控除額を利用するなど、贈与の進め方や贈与資金の活用につ
いては、当事者間で十分な検討が必要です。

【目的③】子や孫の想いを支援する

　子や孫の夢や目標を父母や祖父母が支援するケースです。

　夢や想いの実現には、多額の金銭的支援が必要になることも
考えられます。その際には、複数の贈与者で支援していくとい
う選択肢もあります。

 ## 贈与を受ける際の課税負担

　贈与の効果を最大限に引き出すには、贈与資産の有効活用が
カギとなります。したがって、目的に合わせて、贈与の当事者
や制度の適切な組み合わせを考えていきましょう。

ケーススタディ①
非課税金額で考えてみる

　それでは、子供が父親と母親から贈与を受ける場合に、1年間に非課税で移転可能な金額について確認しておきましょう。

 ケース1 　暦年課税110万円＋暦年課税110万円

 暦年課税 110万円 暦年課税 110万円
父　　　　　　　　　　　　　　　　　　　　　　　　　　　母

　父親と母親の両方から、それぞれ暦年課税で110万円、合計で220万円の贈与を受けた場合に、子供が非課税で受け取れる金額はいくらでしょうか？

　このケースでは、**110万円**です。

　暦年課税は、誰からもらってもかまいませんが、非課税金額は1年間合わせて、もらった人1人あたり110万円までです。

 ケース2 　精算課税110万円＋精算課税110万円

 精算課税 110万円 精算課税 110万円
父　　　　　　　　　　　　　　　　　　　　　　　　　　　母

　父親と母親の両方から、それぞれ相続時精算課税制度で110

万円、合計で220万円をもらった場合、もらった子供が非課税で受け取れる金額はいくらでしょうか？

このケースも、**110万円**になります。

この場合の基礎控除の金額は、贈与金額に応じて按分します。このケースであれば、55万円ずつを父と母それぞれの贈与金額から控除します。

 ケース3 暦年課税110万円＋精算課税110万円

 暦年課税 110万円   精算課税 110万円

父　　　　　　　　　　　　　　　　　　　　　　　　母

父親から暦年課税で110万円、母親からは相続時精算課税制度で110万円、合計で220万円の贈与を受けた場合に、子供が非課税で受け取れる金額はいくらでしょうか？

このケースだと、**220万円**になります。

なぜなら、暦年課税の基礎控除と相続時精算課税制度の基礎控除は別扱いだからです。

したがって、それぞれの贈与に対する基礎控除が使えることになるので、合計220万円までOKというわけです。

 合計の非課税金額の結論

同じ贈与制度の組み合わせの場合は、基礎控除が110万円までになりますが、2つの贈与制度を組み合わせることで、220万円の非課税効果があります。

ケーススタディ②
贈与時の手取金額で考えてみる

　子供が、父親と母親から贈与を受ける場合に、贈与時の手取額を最大限に活用する視点から考えてみましょう。

 ケース4 精算課税2,610万円＋暦年課税110万円

 精算課税
2,610万円 暦年課税
110万円

父　　　　　　　　　　　　　　　　　　　　母

　父親からは相続時精算課税で2,610万円（特別控除額の2,500万円と基礎控除110万円の合計）、母親からは暦年課税で110万円をもらった場合に、子供の贈与時の受取可能額はいくらになるでしょうか？

　このケースであれば、**2,720万円**です。

　もちろん、父親からの2,610万円のうち、基礎控除の110万円を除いた2,500万円分については、父親の相続の際に加算しなければいけません。

　しかし、贈与でもらった時点では課税されることなく、全額を受け取ることができます。

　子供としては、この大きな資金をぜひ、上手に活用していきましょう。

ケース5 精算課税2,555万円＋精算課税2,555万円

 精算課税 2,555万円 → ← 精算課税 2,555万円

父　　　　　　　　　　　　　　　　　　　　　　母

　では、父親からも母親からも、相続時精算課税制度で2,555万円ずつもらった場合はいかがでしょうか？

　なお、2,555万円のうちの55万円は、当年分の相続時精算課税制度に係るそれぞれの基礎控除分を按分して計算したものです。

（基礎控除）　　　　（父の贈与割合）
　110万円　×　2,555万円／5,110万円　＝　55万円

　父親と母親の相続の際には、特別控除額の2,500万円はそれぞれの加算対象になります。しかし、子供は一時的であれ、贈与時に5,110万円を受け取ることが可能です。

　これだけのお金があれば、子供は、両親の認知症対策や自身の資産運用などに活用していくことができるでしょう。

贈与者だけでなく受贈者も増やすという選択

　贈与は、方法や組み合わせ次第で、さまざまな効果を生み出すことができます。

　たとえば、子供1人だけでなく、他の兄弟姉妹や孫も贈与の対象者とすることで、資産移転の規模やスピードを向上させることができます。

7-8

節税効果の試算はあくまで目安。 アテにしてはダメ

 節税シミュレーションだけでは十分ではない

　ここまで、2つの贈与制度の特徴と効果を節税目線で確認してきました。しかし、節税を最優先とした試算だけでは、十分な対策を検討することはできません。

　実際に、贈与による節税効果を計算するためには、贈与者の資産総額の把握が必須です。それを考慮しない限り、暦年課税と相続時精算課税制度との有利・不利を正確に比較することはできません。

　そして何よりも、贈与する人の年齢や体調、贈与相手、資産の種類や金額、時期、期間などの条件によって、試算結果は大きく変わります。

 対策の本質を見失わないために

　本書で紹介している試算は、考え方を整理するための1つの切り口に過ぎません。なぜなら、対策の最終的な目的は、単に税金を減らすことではないからです。

　節税することに多くの時間を割いてしまうよりも、資産を増やす方法に贈与を活用したほうが、結果的に手元の資金を増やせることも少なくありません。むしろ、こちらのほうがより建設的で効果の大きい対策といえるでしょう。

　こうした考え方を踏まえて、次の章では節税対策以外の金銭贈与の活用方法を詳しく紹介します。

152

8 章

節税だけではない
金銭贈与の活用メリット

もっとも考慮すべき
遺留分対策としても
活用できます！

誰もいわない
生前贈与の最大メリットとは？

 贈与税の改正に戦々恐々としてしまう理由

　令和5年度の税制改正の内容が知られたころから、「生前贈与のルールって、本当に変わるんですか？」とか、「変わったらどうしましょう？」といった相談をたくさんいただきました。

　皆さんは、本当に心配されていました。でも、贈与税の改正にドキドキしてしまうのは、なぜでしょうか？

　それは、生前贈与を節税対策でしか活用していないからです。でもしかし！　生前贈与のメリットは節税だけではありません。

　それでは、節税以外に生前贈与にはどのようなメリットがあると思いますか？

 生前贈与の最大のメリット

　当たり前すぎてなのか、意外と誰もいいません。しかし、改めて考えてみると、生前贈与には他の方法ではできない、すごいメリットが存在します。

　それは、「あげたい財産を相手に直接渡せる」ことです。

　これができるのは生前贈与だけです。このメリットをぜひ、対策に活用していきましょう。

　そこで、節税だけにとどまらないこれからの時代の金銭贈与の活用方法を紹介しましょう。

 令和時代の金銭贈与の活用メソッド

　これからの生前贈与というのは、節税対策だけではなく、分

割対策や運用手段の方法としても活用していくべきです。

　「確実に渡す」「想いも渡す」「渡して増やす」。その手段としての生前贈与の活用です。具体的には以下のとおりです。

①想いも渡す・渡して使う生前贈与

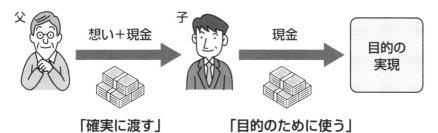

贈与を実行する際は、お金と一緒に想いや考えも伝えていきます。そして、家族で一緒に、目的を実現するためにお金を使っていきます。その手段としての生前贈与の活用です。

②早く渡して・大きく増やす生前贈与

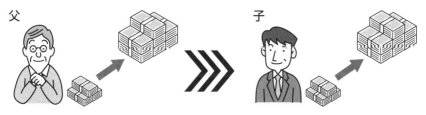

　いままでは、親の手元で大きく増やして、それから子供にお金を渡していました。

　しかしこれからは、渡せるお金は早く子供たちに渡していって、子供自身に増やしてもらうという考え方です。「渡して増やす」生前贈与の活用は、遺留分対策としても効果的です。

155

8-2

贈与対策で本当に重要なのは「あげた後」

目的に応じた贈与資金の活用

父 ── 想い＋現金 ──→ 子 ── 保障 / 積立 / 運用 ──→ 目的の実現

- ●納税資金を用意してあげたい
- ●老後資金をつくってあげたい
- ●資産形成を応援したい　　など

　贈与活用の心得です。まず、贈与ありきの相続対策はNGです。なぜなら、生前贈与は、相続に関する課題や問題を解消するための手段の1つだからです。

　ですから、何のために贈与をするのか、目的をはっきりさせましょう。「ちょっと多めのお小遣い」みたいなあげ方は、やはり、上手な贈与の使い方ではありません。

　生前贈与の最大のメリットは、**相手に直接渡せる**ことです。そこで、生前贈与を実行する際は、資産やお金だけではなく、必ず、想いや考え方も伝えてください。

　そして、気持ちや想いは贈与する前に伝えてください。後から「こうしてほしい」と伝えても、もらった後からでは、「え

〜」ということになります。まずは伝えて、合意してから贈与することです。

さらに、贈与して何か対策ができてしまった気分で終わらないように、あげた後の資金活用まで考えていく必要もあります。

 ## 名義預金を持っている父親の想いとは

名義預金を持っている父親の想いとは何だと思いますか？ 父親は、その名義預金で何をしてあげたいと思っていますか？ もしくは、父親は何を心配して、子供に内緒のお金を名義預金としてしまっているのでしょうか？

まず、明らかなのは、口座名義人となっている家族のためにお金を残してやりたいという気持ちです。しかし、一方では、親や祖父母のお金をアテにして、本人が頑張らなくなってはいけないと考え、内緒にしているのかもしれません。

あるいは、自分の老後も心配だから、自分に介護が必要になったときのために、ギリギリまでお金は自分で持っておきたい。だから、子供にはまだ渡さずにいるのかもしれません。

このように、心のあり様を確認していくと、解決したい問題や自分の希望がはっきり見えてきます。そして、自分の想いがはっきりしたら、次はそれを実現するための手段や方法について確認していきましょう。

あなたは、大事な家族に、渡したお金や財産をどのように使ってほしいですか？

また、自分の老後や家族の将来に、どのような要望を持っていますか？

8-3

あげたいお金を確実に渡す 分割対策としての贈与の活用

分割対策としての贈与の活用

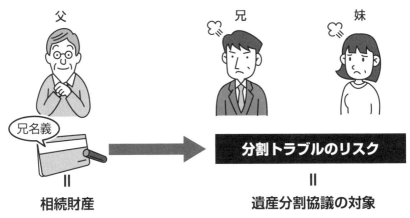

| 父 | 兄 | 妹 |

兄名義 = 相続財産

→ **分割トラブルのリスク** = 遺産分割協議の対象

「もしも」という仮定の話は避けるべきですが、おそらく、多くの親が名義預金を持っていることでしょう。お金をあげてもムダ遣いが心配だし、自分の老後のこともあるから、とりあえず、自分で持っておくといった感じでしょうか。

ただし、上記のケースの名義預金は、相続で必ず兄のものになるかといえば、たぶんなりません。なぜなら、この名義預金は、父親の相続財産だからです。つまり、この名義預金は「**遺産分割協議**」の対象です。相続人全員で話し合ってもらわないといけません。

当然、他の兄弟たちから文句の声が出ます。このケースでは、妹から抗議の声があがります。

「お兄ちゃんばっかりずるい」

「だって、お兄ちゃんは、長男ってことで不動産もいっぱいもらっているのに、そのうえ預金までって。そんなの不公平じゃない！　私にだって、法定相続分や遺留分というのがあるでしょ」

「私、知ってるのよ。これは、名義預金っていうんでしょ。名義預金なんて、法律上はお兄ちゃんの名前の書いてある封筒にお金が入っているのと何ら変わらないんだから！」

「そう考えたら、この預金のほとんどは、私がもらったっていいんじゃない！」

といった感じで、妹からクレームがつくことが考えられます。

 ## 名義預金がもらたす遺言トラブル

実は、こうしたトラブルは、すでに相続現場でたくさん起きています。しかも、困ったことに、この名義預金は遺言から漏れてしまうことが多いのです。

なぜなら、父親は、この預金はもう贈与済みだと思っていたからです。だから、この名義預金は、かなりの高確率で遺言書の財産目録から漏れてしまいます。

いくら公正証書遺言が作成してあっても、遺言から漏れている財産があって、その漏れている財産で相続人がモメてしまえば、遺言書を書いてないのと同じ状況になってしまうのです。

 ## 「あげるつもり」のお金は、確実に贈与で渡す

こうした事態を避けるためにも、あげたい相手にあげたいお金や財産があるなら、生前贈与で確実に渡す――これも分割対策として非常に効果的な方法の1つです。

家族で一緒に進める
相続対策としての贈与の活用

 家族だって、言葉で伝えないとわからない！

なぜ、遺産分割対策の手段として「生前贈与」を選択するかといえば、生前贈与は、相手に財産を直接渡せるからです。遺言でも死亡保険金でもなく、生前贈与を選ぶ一番のメリットは、この点にあります。

私は生前贈与で財産を渡す際に、必ずお願いしていることがあります。

それは、「財産やお金だけを渡さないで」ということです。

「生前贈与をする際には、必ず想いや気持ちも伝えてください。相手の顔を見て、相手に声をかけながら財産を渡してあげてください」――いつもそうお願いしています。

 相続の現場で痛感していること

相続の現場でお手伝いをしていて、本当に痛感していることがあります。

それは、「あ～、この家族は相続の話をされていらっしゃらないのだな」という思いです。

よく、次のようなことがいわれることがあります。
「家族だったらわかり合える」
「親子だったらそこは察してくれないと」

でも、「家族だったらわかり合える」「親子だったら察してもらえる」というのはウソです。そんなことは絶対に無理だと思います。

親子だって、ことばに出して言わなければ気持ちなんて伝わりません。夫婦だって、行動で示さなければ、想いなんて届かないのです。

財産を渡す際には「想い」も直接伝えよう

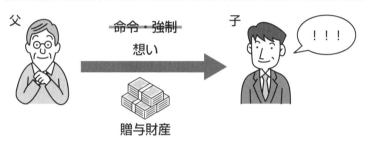

私が、いまでも忘れないお客様からの一言があります。

息子さんが、「親父は、自分には何も言ってくれなかった。何も言ってくれなかったということは、私からしたら、私のことを何も考えてくれてなかったのと同じなんだよね」

すごく寂しそうにそんな話をされたのを、いまでも覚えています。

自分の財産のことだから、家族は知らなくてもいいわけではありません。

「相続」という家族をつないでいく行為は、双方向で想いや意思が共有できて成立するものです。

「察してもらう」ではなく、「話す」「伝える」ことを実践していきましょう。

もっとも考慮すべき
遺留分対策としての贈与の活用

節税なんて気にしている場合ではない！

　令和元年（2019年）の民法（相続編）の改正以降、相続対策は完全にフェーズが変わりました。

　これからの相続対策は、節税よりも遺産分割や資金準備のほうが深刻です。そうしたなかで、無視できないのが「遺留分」です。

遺留分と遺留分侵害額請求権

　「遺留分」とは、相続人に認められている相続財産の最低保証の権利のことで、遺留分割合は下表のとおりです。ただし、被相続人（亡くなった人）の兄弟姉妹に遺留分はありません。

相続人	遺留分の合計
配偶者・子のみ	相続財産の１／２
直系尊属（親や祖父母）のみ	相続財産の１／３

　また、「遺留分侵害額請求権」とは、遺留分を侵害された者が、侵害した相続人等に対して、遺留分侵害額を金銭で請求できる権利です。次のようなケースで考えてみましょう。

- 法定相続分割合：1/2、遺留分割合：1/2
- 遺留分…（4,500万円＋500万円）×1/2×1/2＝1,250万円
- 遺留分侵害額…1,250万円－500万円＝<u>750万円</u>

　このケースでいえば、長女の遺留分は1,250万円となりますが、相続した額は500万円です。したがって、差額の750万円について、長女は長男へ金銭の支払いを請求できます。

遺留分の計算方法と生前贈与

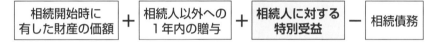

| 相続開始時に
有した財産の価額 | ＋ | 相続人以外への
1年内の贈与 | ＋ | 相続人に対する
特別受益 | － | 相続債務 |

　遺留分の算定のしかたは上記のとおりですが、遺留分には、「相続人に対する特別受益」が含まれます。

　ただし、特別受益の対象となる生前贈与は、**相続開始前10年以内の贈与に限定**されます。したがって、早い時期から贈与を実行していくことは遺留分対策として非常に効果的です。

　なお、当事者双方が遺留分の侵害を知りながら行なった贈与は、10年より前の分も対象となるので、ご注意ください。

令和の相続対策の新常識＝遺留分対策を怠るな！

　不動産や自社株など、他の兄弟よりも財産を多く相続する予定の長男や後継者にとって、今後の遺留分対策は必須です。

　また、遺留分侵害額請求は、財産を評価時の現金に換算して差額分を請求します。したがって、相続税とは違って、贈与財産は贈与時ではなく相続時の価額で評価されます。

　そこで、遺留分対策を優先するなら次の方法が効果的です。

- **早く移す**（相続開始の10年よりも前に資産移転を完了）
- **現金を贈与する**（贈与時と相続時とで時価の乖離が少ない）

老後や介護に備えた
デッドロック対策としての贈与の活用

 相続対策の決定と実行には時間がかかる！

「私が亡くなったら、○○は××になるように…」そんな想いで、亡くなるまでの間に相続対策を進めていきます…。

でもそれだと、はっきりいって遅いです！ それでは遅すぎて、十分な対策はできません。

残念ながら、多くの人が対策の実行時期を間違えています。

相続や老後対策は、自分が元気で動けるうちに、おおむね完了させておかなければいけません。なぜなら、対策は面倒くさくて大変で、時間がかかるからです。ちょっと具合が悪いとなったら、とても対策を考える気なんておきません。

	対策可能	対策困難・対策不可	
健康状態	○	△	×
意思能力	○	△	×
気力・意識	○	△	×

相続や老後対策は、体も頭も心の調子も、万全ないまだからこそ、できるものだと思ってください。

対策には、「早すぎる」なんてことはありません。あわててあせらすつもりはありませんが、のんびりかまえているほどの余裕もありません。

老後対策なしに相続対策は完成しない！

相続や老後対策で考えるべきは、判断能力の欠如への備えです。もし、認知症などで判断能力がなくなったら、自分が所有する資産に全部ロックがかかります。使えない・何もできない塩漬けの資産やお金になってしまいます。

その場合に、介護や医療などに必要なお金は、どこから出しますか？　そのお金は誰が払いますか？　こうなってしまったら、対策と名のつくものは、その時点ですべて終了です。

したがって、判断能力の欠如に伴う資産凍結（デッドロック）を防ぐ対策を講じておく必要があります。

相続対策はテスト対策ではありません。前日まで全開バリバリで対策が進められて、万全の状態で、翌日に相続を迎えるなんてことはないのです。

デッドロック対策を考えておく

手元資金を早く移す行為は、老後や介護に向けたデッドロック対策につながります。資産を早く移せば、固定化（凍結）を防ぐことも可能です。

そのためにも、早く移せたり、使える相手に渡しておくことができる生前贈与は、老後対策としても非常に有効な方法です。

自分の介護が原因で
子供たちをゴタゴタさせない

 立場が違えば、モノの見え方や考え方も変わる

　介護をしてくれる子供と、そうでない子供との間には、埋めがたい温度差があります。介護を担う家族には、心身ともに相当な負担がかかります。一方で、介護の世話をしていない家族は、その大変さを正確に理解することはできません。

　たとえば、離れて暮らす弟は、介護を担う兄に対して、介護に必要なお金は遠慮なく使ってもらい、介護した分は相続で余分に財産をもらってほしいと伝えていました。

　ところが、相続が始まると、「介護には感謝しているけれども、1日中看護していたわけでもなかったはずだし、生前、介護のお礼に親からお金を渡していたとも聞いている。しかも、同居している親の通帳から生活費を使っていたような節もあるし…」といった感じで、状況が一転してトラブルにつながるなんてケースもあります。

 自分の介護で手間をかけさせないこと

　究極の老後・相続対策とは、家族に負担をかけないことです。

　負担にもいろいろありますが、なかでも金銭的な負担がもっとも家族を圧迫します。そこで、自分の介護や認知症に備えて、次の金銭面での対策をしておきましょう。

①介護が必要なときに、すぐに使えるお金を用意しておく

②他の資産と分けて、介護用のお金を用意しておく

③介護を頼む人には、功績に応える資産を用意しておく

9 章

贈与×生命保険
＝老後＆相続のセット対策

生命保険を使えば
老後と相続は一緒に
対策できます！

相続対策に死角なし！
生命保険という万能薬

相続と老後の対策が全部できるのは生命保険だけ！

生命保険は、老後や相続対策にとても効果的な方法です。

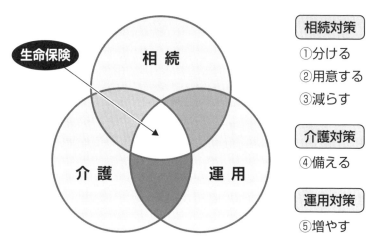

相続対策
①分ける
②用意する
③減らす

介護対策
④備える

運用対策
⑤増やす

①分ける＝分割対策

「死亡保険金」は、受取人の固有の財産です。民法上の相続財産（被相続人の財産）には該当しないので、遺産分割協議の対象外となります。

したがって、他の財産と区別して、特定の相手へ、「名前をつけて」お金を遺すことが可能です。

②用意する＝資金対策

死亡保険金は、保険金受取人からの請求で、ただちに現金（保険金）を受け取ることが可能です。遺産分割協議や執行手続きを要せず、必要資金を速やかに確保できます。

③減らす＝節税対策

　契約者（保険料負担者）と被保険者が同一人で、死亡保険金が相続人という契約形態である場合、死亡保険金には、次の非課税枠が設けられています。

非課税限度額 ＝ 500万円 × 法定相続人の数

　この非課税枠を上手に活用することで、相続財産の価額を圧縮することが可能です。

④備える＝介護対策

　介護が必要なときに、「すぐに使えるお金を、他の資産と分けて用意する」など、認知症に伴う資産凍結のリスクに備えることができます。

⑤増やす＝運用対策

　保険商品によっては、払い込んだ保険料よりも大きく増やして保険金が受け取れるものもあります。保障を付けながらレバレッジを効かせて、資産形成にも役立てることができます。

保険の見直しが劇的な対策につながる場合も

　ぜひ、お勧めしたいのが、加入中の生命保険の見直しです。
　生命保険は単発で契約することが多く、総合的に検討する機会は、あまり多くありません。そこで、手元に保険証券を集めて、現在加入している生命保険が、相続や老後対策として適切かどうか、一度確認してみてください。
　契約を見直した結果、同じ保証が半分の保険料でできるようになったケースもあります。すぐにできる効果の高い対策です。

生命保険の契約形態と
課税関係の勘違いに要注意

 死亡保険金の契約形態と課税関係

　被保険者が死亡して、受取人が死亡保険金を受け取った場合、保険料負担者と被保険者、そして、受取人が誰かによって、相続税、所得税、贈与税のいずれかの税金が課税対象となります。

	保険料負担者	被保険者	受取人	課税関係
①	父	父	子	相続税
②	子	父	子	所得税
③	母	父	子	贈与税

①相続税

　受取保険金に対して課税

　（※）非課税限度額：500万円×法定相続人の数

②所得税（一時所得）

　（受取保険金 − 払込保険料 − 50万円）×1/2

　（※）すでに①の非課税枠まで保険に加入している場合は、
　　　　この契約形態を検討してみてください。

③贈与税

　払込保険料ではなく、**受取保険金**に対して課税

 課税関係は保険料負担者で決まる

　相続や生命保険に関する解説本などでは、よく上記にあげた表で、保険料負担者の欄に「保険契約者」と記載されています。たしかに、それで間違いではありません。ただし、その場合

は、課税関係が「保険契約者＝保険料負担者」という前提で紹介されます。

　生命保険に関する課税関係は、保険契約者が誰かではなく、保険料負担者が誰かによって決定されるので、ご注意ください。

 ## 保険契約者と保険料負担者が違う保険は名義保険

　たとえば、妻が契約者（妻名義）の保険料を夫が払っている場合などは名義保険です。一般的に、妻名義の生命保険は妻が自分で保険料を支払う義務があります（契約者＝保険負担者）。

　しかし実際には、夫が保険料を負担しているケースも少なくありません。それらはすべて「名義保険」となります。

 ## 名義保険は税務署にバレる！

　たとえ、名義保険であったとしても、「そんなのバレないんじゃない？」と思うかもしれません。ところが、実際は次の2つの方法で見つかってしまいます。

①税務調査での資金調査

　税務署は、職権で納税者の通帳を閲覧できる権限を持っています。通常は、被相続人やその家族の口座について、過去数年～10年間のお金の動きを把握しています。

　したがって、出金や引き落としの関係から、名義保険の存在は見つかることが多いです。

②生命保険の支払調書

　保険金が支払われた場合や相続で契約者が変更された場合には、保険会社から税務署へ「支払調書」という資料が提出されます。その際に、名義保険が露呈してしまうことがあります。

「贈与＋生命保険」で ムダ遣い防止＆税務調査対策プラン

 贈与資金を生命保険で鍵をかける！

　父親が、子供に内緒で名義預金を持っている理由は、ムダ遣いしてほしくないからです。

　「親のお金をアテにせず、自分の力で頑張ってほしい」との想いは間違っていませんが、名義預金のままでは具合が悪いので、下図のようなしくみをつくっておきましょう。

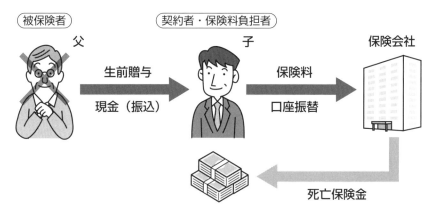

　まず父親は、想いと一緒にお金を子供に贈与します。

　「息子よ。私が亡くなったときのために、まとまったお金を残してやりたい。そこで、このお金を贈与するから、その目的のために上手く使ってほしい」といった感じです。

　子供も、父親の申し出に感謝します。自分も父親が亡くなったあとのお金のことで悩んでいたので、このお金はその目的のために使っていこうと決めます。

　そこで、目的以外のことに使ってしまうことがないように、

子供は、このお金に生命保険で"鍵"をかけることにします。

　子供は生命保険に加入します。「契約者＝子供、被保険者＝父親、保険金受取人＝子供」という契約形態です。そして、贈与資金はそのまま保険料に充てます。

①ムダ遣いを防止する

　その結果、贈与でもらったお金は、子供の手元にはありませんから、ムダ使いのしようがありません。

②税務調査対策も完成

　そして、贈与要件の「あげる・もらう・使える」がキッチリできていますから、税務調査対策も完成です。贈与を否認されることもありません。

③納税資金などの相続資金を確保

　さらに、子供はこのお金を「保険料」として使ったので、父親が亡くなったときには、保険金としてまとまったお金を受け取ることになります。

父が望むタイミングでお金が届く！

　この保険金を受け取るタイミングは、「私が亡くなったら」と、父親が名義預金を渡すつもりのタイミングと同じですね。つまり、父親が考えていた理想の相続対策は、バッチリ実現可能というわけです。

　名義預金のままの状態では、税務調査や遺産分割でゴタゴタしてしまう可能性がありますが、このプランであれば、税務調査で問題になったり、ムダ遣いをする心配もなく、最後は希望するタイミングでお金も渡せるのです。

「贈与＋生命保険」で
親子三代を不安から守るプラン

👤 父・子・孫を守る相続対策とは

　父は資産凍結や認知症に備え、子は老後資金の確保、孫はパパ（図の子）の死亡保障を備えていくプランが下図です。贈与資金を原資にして、個人年金保険で対応していきます。

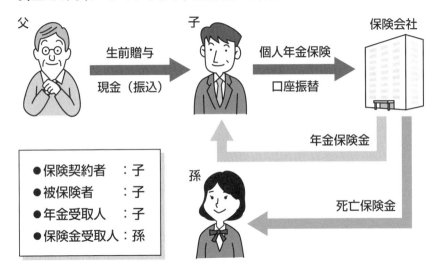

父　　　　　　　　　　　子　　　　　　　　　　　保険会社

生前贈与　　　　　　個人年金保険

現金（振込）　　　　口座振替

年金保険金

孫

死亡保険金

- ●保険契約者　：子
- ●被保険者　　：子
- ●年金受取人　：子
- ●保険金受取人：孫

　まず父親は、子供の老後を助けてやりたいと考えていたので、その想いを伝えて、子供へお金を贈与します。

👤 子の老後資金を応援する

　子供自身も、自分の老後に不安を感じていました。そこで、父親からの申し出に感謝し、子供は個人年金保険に加入し、その保険料を贈与資金で支払うことにします。これで、子供が将来にリタイアする頃には、保険会社から年金を受け取ることが

できるようになります。つまり、父親からの贈与資金は、子供の未来を守ることができるわけです。

 一家の大黒柱の万が一に備えて孫を守る

では、孫についても考えてみましょう。

孫にとって困るのは、一家の大黒柱であるパパ（このケースでいうと子供）に万が一のことがあった場合です。幼くしてパパが亡くなると、経済的な困難が待っているかもしれません。

そこで、パパ（図の子供）の死亡保険金の受取人にしておくことで、孫の将来を守ることができます。

 贈与資金で自らの認知症に備える

最後に、父親本人についても考えてみましょう。

父親に関しては、認知症などで意思能力がなくなると、資産が事実上凍結され、利用できなくなる恐れがあります。

そこで、自分の介護のための資金として使うことができるように、事前に子供へお金を贈与しておくのです。

介護や医療が必要になった際には、父親が認知症で自分の資産にアクセスできなくても、子供は贈与資金で加入していた保険を解約し、返戻金を得ることができます。

この資金を介護や医療のために使うことで、父親の老後を守ることができます。

家族それぞれの問題に対処するための、生前贈与と生命保険を活用した方法です。

贈与と生命保険を使って、親子三代を守るプランはいかがでしょうか？

「贈与＋生命保険」で老後と相続のワンセット対策プラン

贈与はしてあげたいけれども…

「私は、自分が亡くなった後の相続も心配なんだけど、亡くなる前の老後がもっと心配で…」

贈与の話をすると、よくこんな相談をいただきます。

「だってね、子供や孫は可愛いけれど、贈与でお金や財産をあげちゃった後に、もし、自分が介護なんてことになると、お金がかかるでしょう？」

「そのときに、介護でお金が要るようになったから、贈与したお金を返してくれなんて言えないじゃない？　そう考えると、やっぱり、手元にちょっとはお金を残しておきたいんだよね」

といった感じでしょうか。

明日のご飯ではなく、今日のご飯

この相談者の心配はよくわかります。たしかに、いきなり相続というわけでもないですよね。私たちには、今日があります。明日があります。そして、老後もあります。その先にあるのが相続なのです。

明日のことや、その先の老後のことが心配で気持ちが落ち着かないのに、さらに遠い未来の相続のことまで考えるのが難しいのは、当たり前です。

ですから、老後と相続のことは、分けて考えるのではなく、合わせて対策をしていかないといけません。最優先は老後の安心、それがかなったうえでの相続対策です。

相続と老後は合わせて一緒に対策できる

老後と相続を合わせた対策は、実はそんなに難しくはありません。工夫ひとつでワンセット対策が可能です。

そこで、9-3項で紹介した対策に一味くわえた、老後と相続のワンセット対策を紹介しましょう。

子供は、父親から想いと一緒に贈与によってお金をもらいます。子供は、ムダ遣いしないように、このお金で生命保険に入ります。ここまでは、9-3項のケースと同じです。

違うのは、子供が保険に加入するときに「**介護特約**」を付けておくことです。

保険の加入後に図らずも、父親が介護認定を受けることになったとします。そのときに、この特約が付いていることで、保険会社から父親に介護保険金が入ってきます。

177

父親からしてみると、

「あれっ、息子に贈与したつもりだったけど、自分に介護が必要になったら、あげたつもりのお金が自分の介護に使えるお金になって戻ってくるぞ」

となり、介護特約を付けておくことで、こういうことが可能になるのです。

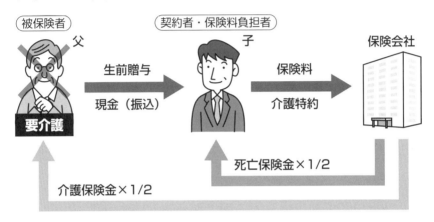

しかも、保険商品によっては、保険金の割合を工夫できるものもあります。たとえば、保険金の半分は父親の介護保険金に、そして残りの半分は、父親が亡くなったときに子供が死亡保険金として受け取れるようにしておく、といった具合に、老後と相続のワンセット対策が完成します。

繰り返しになりますが、相続と老後は合わせて対策をしていかなければいけません。老後は老後、相続は相続で対策するのではありません。

そして、ちょっとした工夫一つで、両方の対策を合わせて一緒に進めていくことが可能です。

生前贈与は、自分の介護対策としても効果的な方法です。ぜひ、老後と相続のワンセット対策を検討してみてください。

認知症でも贈与ができる究極奥義①
生存給付金プラン

生存給付金の活用

　民法上の贈与対策には、お約束ごとの贈与要件である「あげる・もらう・使える」と、それを確認できる贈与契約書などの証拠が必要でした。しかし、それは何だか難しくて面倒くさそうですね。

　そこで、オススメするのが「生存給付金」（贈与型保険）です。この生存給付金には、３つの大きなメリットがあります。

生存給付金は手続きが簡単でスムーズ

　生存給付金は、民法上の贈与ではありません。「みなし贈与」と呼ばれるものに該当します。

生存給付金（みなし贈与）≠ 民法上の贈与

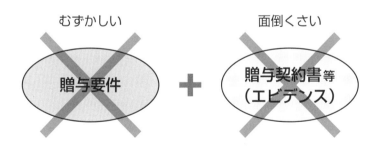

➡ 簡単でスムーズ

　「みなし贈与」とは、簡単にいえば税務上の贈与です。民法上の贈与には当たらないけど、実質的に民法上の贈与と同じよ

うに経済的利益を受け取るものについては、不公平がないように、贈与税の対象にしていきましょうという取扱いです。

しかし、民法上の贈与ではないので、「あげる・もらう・使える」の贈与要件を満たすことも、契約書等の証拠も必要ありません。だから、対策がとても簡単でスムーズなのです。

生存給付金には定期贈与の心配がない

生存給付金であれば、税務調査への対応もバッチリです。将来、相続税の税務調査で、税務署から定期贈与を指摘されることもありません。

定期贈与については、6－1項で確認しましたが、定期の給付を目的として、初回の契約時に譲渡財産の総額が決まっている贈与のことをいいましたね。生存給付金は、定期贈与の心配も不要です。

なぜ、生存給付金は大丈夫なのかというと、生存給付金というのは、毎年の応答日に生存していることを条件に支払われる給付金だからです。つまり、贈与を始める時点では、この先、支払事由が何回あるか、言い換えれば、何年間にわたって、応答日に存命しているかなんて誰にもわからないからです。

したがって、保険契約時点では、贈与の総額が確定していないため、定期贈与には当たらないので、安心してください。

生存給付金なら贈与は止まらない

贈与資金を活用していくうえで、一番困ることって何でしょうか？　それは、贈与が止まってしまうことです。

せっかく、目的実現のために贈与資金を活用して、いろいろ対策を進めている最中に、贈与が止まったら困ってしまいます。

では、どうなったときに贈与が止まってしまうかというと、

それは、当事者の判断能力がなくなってしまったときです。

父　　　意思能力　　　子
あげる・もらう

　民法上の贈与には、贈与当事者の明確な意思能力が必要不可欠です。たとえば、父親が認知症などで自分の状況が理解できなくなってしまった場合、それ以降、贈与を含むあらゆる法律行為ができなくなってしまいます。

　これは、贈与要件の「あげる・もらう」が成立しないからです。したがって、認知症になると、贈与そのものができなくなるリスクがあります。そうなってしまうと、実際に、子供をサポートすることはできません。

　一方、生存給付金は、指定された応答日に「生存」を条件に給付金が支払われます。その際に、意思能力の有無は問われません。つまり、生存給付金（贈与型保険）は、存命であれば、いつまでも大切な家族をサポートし続けることができるのです。

民法上の贈与

父　　　　　　　　　　子
移転不可　　　活用不可　　　目的の実現
意思能力

　これに対して、民法上の贈与の場合は、父親の意思能力がなくなった時点で贈与ストップです（上図参照）。当然、それ以

降の生前贈与は実行できません。ですから、相続対策の実現は不可能となるか、大きな修正を強いられることになってしまいます。

生存給付金（みなし贈与）

父　　　子

移転OK　　活用OK　　目的の実現

意思能力 ✕

応当日に生存

　一方、生存給付金であれば、たとえ、父親が図らずも認知症で意思能力をなくしてしまったとしても、存命であれば、贈与を実行していくことが可能です。つまり、贈与対策は途中で止まりません。

　認知症の問題は、決して他人事ではありません。また、対策の途中で意思能力を失ってしまったら、相続対策を完成させることはできません。
　そこで、自分の老後や家族のために、滞りなく対策を進めていくことができるように、認知症でも生前贈与を実行できる「生存給付金」の活用を検討してみてはいかがでしょうか。

認知症でも贈与ができる究極奥義②
名義変更プラン

 生命保険契約を贈与するという発想

父　　　　　　　保険契約　　　　　　子

これは、通常のお金の贈与とは異なり、「生命保険」を贈与する方法です。すでに紹介した9−3項と前項のプランを組み合わせたプランともいえます。

特に、父親がすでに高齢となっている場合は、認知症のリスクも考慮に入れる必要があります。しかし、この保険契約を贈与する方法ならば、父親が認知症を発症したとしても、生前贈与を継続して進めることができるのです。

このプランの進め方は以下のとおりです。

①父親が生命保険に加入

まず父親が、下表の契約形態で一時払いの生命保険に加入します。この方法なら、高齢であっても簡単に加入が可能です。

加入する際は、解約返戻金がある終身保険を選んでください。

契約者	保険料負担者	被保険者	受取人
父	父	父	子

②保険契約の名義変更

次に、保険の契約者を父から子へ変更します。なお、契約者を変更した時点では、子に贈与税はかかりません。

契約者	保険料負担者	被保険者	受取人
子	父	父	子

③保険契約の部分解約

そして、契約者である子供は毎年、保険契約の一部を解約していきます。その際、解約により得られる現金（解約返戻金）には、贈与税が課税されます。

ただし、解約額を年間110万円の基礎控除以下に抑えていくことで、贈与税をゼロにすることが可能です。

たとえば、1,500万円の終身保険の場合、毎年100万円分ずつ解約していけば、15年の間、贈与税を負担せずに資金を移転することができます。

この保険の解約について、暦年課税による贈与で行なうと、加算対象期間分の贈与は、相続財産に戻されることになります。

一方、相続時精算課税制度を選択し、毎年110万円以下の解約を繰り返していけば、基礎控除の範囲内の贈与として、相続時に加算されることはありません。

④父親の相続の発生

契約者の変更後に、部分解約を繰り返す途中で父親が死亡した場合は、解約していない部分に対して、子供へ死亡保険金が支払われます。

この死亡保険金は、みなし相続財産として相続税の対象とな

りますが、「法定相続人の人数×500万円」の非課税枠を利用することができます。

このプランの最大のメリット

ここで紹介したプランは、保険を部分解約するたびに父から子へ資金移転が行なわれるというしくみです。

最大の特徴は、父親の意思表示を必要とせずに、贈与（保険解約）ができる点にあります。

なぜなら、生命保険の解約について意思決定の権限があるのは、契約者だからです。

生命保険については、誰が保険料負担者かによって課税関係が判定されます。しかし、このプランでは、父親が負担した保険料（お金）を、契約者である子供が自らの判断で解約して、好きなタイミングで自分のお金に変えることが可能です。

したがって、父親が認知症を発症して判断能力を失った場合でも、実質的には金銭贈与と同じように、資産移転を進めることができます。

また、本人が加入する一時払いの生命保険は、加入条件が厳しくなく、高齢でも比較的入りやすいものが多いです。

9-8

相続時精算課税制度の2,500万円で認知症対策プラン

 相続時精算課税制度を活用するプラン

　相続時精算課税制度の特別控除額2,500万円を活用した、①認知症、②相続、③資産形成のトリプル対策プランです。

　特別控除額の2,500万円は、相続時に持ち戻しとなります。

　しかし、基礎控除の110万円と合わせて、贈与の際には最大で2,610万円のお金を無税で移すことができるので、この大きなお金を有効に活用していきます。

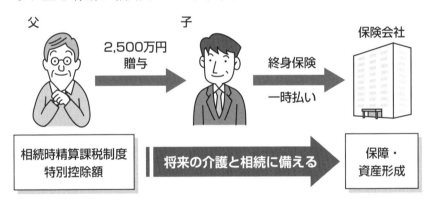

 認知症による資産凍結の回避

　父親が認知症を発症し、意思能力を喪失してしまうと、父親の預金口座のお金は、銀行の窓口で引き出したり、移動させたりすることができなくなってしまいます。

　こうした状況を避けるために、父親が持っている2,500万円を子供の元へ移動させることにします。

相続時精算課税制度の特別控除額を使って贈与

しかし、父親から子供へ無償でお金や財産を移転すれば、当然、贈与税が課税されてしまいます。

そこで、相続時精算課税制度の特別控除額2,500万円を使って、子供へ無税でお金を移転させます。そして、父親の老後や介護、相続の際には、子供はこのお金で対応します。

 ## 贈与資金の活用①〜保障を付ける〜

せっかく無税で移転できた大きなお金です。子供の口座に預けておくだけでは、得策ではありません。必要なときまで使わずに、必要なときにはすぐに使えるしくみをつくっておきます。

このお金は、父親の老後や相続の万が一のための備えです。そこで、目的以外には使いにくくするために、お金に「生命保険」で"鍵"をかけます。ムダ遣いの防止です。

 ## 贈与資金の活用②〜お金を増やす〜

さらに、加入する生命保険は、レバレッジの効く保険商品を選択します。外貨建ての一時払い終身保険などを活用すれば、大きく増やすことも可能です。税金を減らすことを考えるよりも、手取りを増やすほうが効果も大きく、建設的な対策です。

 ## 令和の相続時精算課税制度の使い方

親の持っている高額資金の凍結を防ぎつつ、親の老後と相続に備えながら、お金も増やす。その原資として、相続時精算課税制度の特別控除額2,500万円を活用する…。

「一億総介護時代」と呼ばれる令和を生きる私たちにとって、相続時精算課税制度の活用方法の１つといってよいでしょう。

すでに保有している
名義預金の解決プラン

名義預金の対処方法

　自分が所有する子供名義の通帳へお金を入金する。それを贈与だと思って、いままで何の疑いもなく入金を繰り返していた——これが、名義預金を所有しているほとんどのケースの実態です。

　名義預金を所有している場合の対処方法は次の2つです。

①忘れずに相続財産として計上する

②本来の正しい所有者の口座へ戻す

　ただし、①は根本的な解決にはなっていません。そこで、実際の所有者と名義人双方が元気であれば、②の方法が望ましいです。なお、ここでいう「元気」とは「意思能力がある」ことを意味しています。

名義預金の解消方法

　では、父（所有者）と子（口座名義人）のケースで、名義預金の対処方法を具体的に確認してみましょう。

1）父から名義人である子への事情説明

　名義預金というのは、法律的にみれば、所有者自らの資金移動にすぎません。にもかかわらず、本来の所有者である父親は、自分でこの口座を解約することすらできません。まずは、名義人である子に以下のような事情を説明しましょう。

①自分の手元で子名義の通帳にお金を貯めていたこと

②ところが、これでは贈与が成立していないこと
③このままでは、相続トラブルの原因になりかねないこと
④そこで、本来の所有者である自分の口座へ戻したいこと

2）子による名義預金口座の解約

　事の経緯と父の想いに納得した子は、父と金融機関へ出向き、名義預金の解約手続きを行ないます。

3）子から父の口座への資金移動

　口座が解約できたら、お金の流れが確認できる振込等の方法で父の口座へ資金を移動します。

4）名義預金解約の顛末の記録

　そして、ここが重要です。今回の解約の経緯について、父もしくは父と子で記録文章を作成してください。なぜなら、ここで記録を残しておかないと、事情を知らない人からすれば、子供から親への「逆贈与」に見えてしまうからです。

　したがって、この資金移動は、名義預金を正しい所有者へ戻した行為であることを、将来、誰が見てもわかるようにしておく必要があるのです。

 ## 本当の名義預金問題の解決

　無事に名義預金を解約し、本当の所有者である父の口座へお金を戻せました。ただし、ここで終わりではありません。

　たしかに、名義預金の是正という意味ではこれで完了です。しかし、相続および相続税対策としては、ここで終わってはいけません。なぜなら、口座の解約は、あくまでも正しい所有者の入れ物へお金を戻したにすぎないからです。

ここで考えるべきは、父親の「想い」です。なぜ、父親は名義預金を持っていたのでしょうか？　なぜ、子供名義の通帳にお金を貯め続けてきたのでしょうか？

　それは、このお金を子に残してあげたいからです。でも、いまはまだその時期ではない。ムダ遣いが心配だ。親のお金をアテにせず自分で頑張ってほしい…。
　きっと、さまざまな理由から子供には知らせず、子供が使えない状態で管理してきたのでしょう。100％愛情であり、親心です。
　名義預金のリセットは、対策のゴールではありません。父親が本当にしてあげたい想いが実現できて、対策は完成します。

生命保険の活用で理想の相続対策を実現

　父親が本当にしてあげたかったこと。それは、「大事な子にお金を残してあげる」ことです。
　そのためにも、子供にお金が確実に届くしくみが必要です。さらに、父親が心配するムダ遣いの防止や、老後の不安も解消しましょう。名義預金の解決に大切なことは、その解消の過程と目的の実現です。
　父親の想いの実現には、贈与や生命保険の活用が効果的です。たとえば、名義預金であったお金を原資として、父が子を受取人とした一時払い生命保険に加入する方法もよいでしょう。
　あるいは、相続時精算課税制度の特別控除額の2,500万円を使って、子が贈与資金で、生命保険に加入する方法もあります。
　このあたりのことは、想いや目的に応じた対策が可能です。

10 章

渡して増やす
贈与の活用

高額の暦年贈与を
使うと驚きの利回り
が実現します！

新NISAとの相性は◎！
早く渡して大きく増やすプラン

 暦年課税の贈与資金を子や孫の運用資金に

　子供や孫の資産の形成を希望するなら、令和6年（2024年）から導入される「新NISA」と生前贈与の組み合わせは理想的です。

　令和5年度の税制改正よって、今後の暦年課税については、生前贈与した財産が相続時に加算される年数が3年から7年に延長されていきます。

　しかし、視点を変えれば、早い時期から贈与を始めていって、加算期間の7年を経過してしまえば、この改正の影響を実質的に受けないですみます。

　毎年110万円の生前贈与では財産の圧縮や移転には十分な効果が得られない資産規模の人は、対策のスピードアップを図るためにも、贈与資金を新NISAで活用していく方法も検討するとよいでしょう。

 子や孫の老後2,000万円問題の解決プラン

　退職するまでに2,000万円を準備していなければ老後生活は送れないという、いわゆる「老後2,000万円問題」が話題になったことがありました。

　たとえば、父親から子供へ毎年310万円のペースで現金を暦年課税で贈与します。子供は、その受け取った資金で新NISAを始めれば、実質7年間で、新NISAの上限である1,800万円まで資産形成が可能です。

これは、自力で資産を増やすことが難しい若い世代に対して、親や祖父母が老後の資産形成をサポートするプランとなります。

新NISA制度はじまる！

令和6年から、NISA制度が大きく進化し、新しい制度がスタートします。この新しいNISA制度には、主に3つの特徴があります。

1つ目は、NISAの**利用期間が恒久化**されることです。これにより、利用期限を気にせず、長期間にわたってNISAを利用し続けることができます。

2つ目は、**非課税での保有期間が無期限**となる点です。これにより、税金を気にすることなく、最大1,800万円の資産を生涯持ち続けることが可能となります。

そして3つ目は、**年間の投資上限額が拡大**します。これにより、2つの制度枠を併用することで、年間で最大360万円までの投資が認められます。

	つみたて投資枠	成長投資枠
制度の併用	併用可。合わせて360万円	
年間投資枠	120万円	240万円
非課税保有限度額（総枠）	1,800万円（うち成長投資枠1,200万円）	
口座開設期間	恒久化（無期限）	
対象商品	投資信託	上場株式投資信託等
購入方法	積立	一括・積立

資産形成と遺留分対策にもなる贈与活用

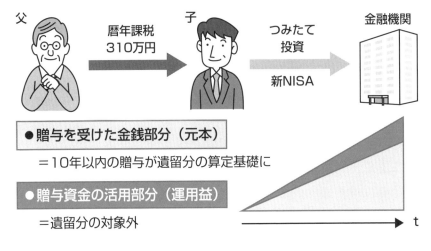

父 　　暦年課税 　　子 　　つみたて 　　金融機関
　　 310万円 　　　　 投資
　　　　　　　　　　　　　　新NISA

● 贈与を受けた金銭部分（元本）

＝10年以内の贈与が遺留分の算定基礎に

● 贈与資金の活用部分（運用益）

＝遺留分の対象外

t

上図は、新NISAの積立イメージです。

① 税引き後の贈与金額

310万円－{（310万円－110万円）×10％}＝290万円

② つみたて投資枠と成長投資を併用投資

1,800万円（生涯非課税限度額）÷290万円≒6.2 → 7年

このプランでは、子供の資産運用の支援だけではなく、2つの遺留分対策が期待できます。まず、子供が自ら行なう資産運用で得た利益（運用益部分）については、当然に遺留分の算定対象から除外されます。

それに加えて、贈与資金（元本部分）に関しても、早期に贈与を実行することで、遺留分の対象から外すことが可能です。

なぜなら、現行の民法では、遺留分算定の基礎となる相続人への生前贈与等は10年以内のものに限られているからです。したがって、早期に実行することが、このプランの効果をより強固にします。

国が一番やってほしくない
高額の暦年贈与プラン

 ## 国の思惑の裏側を突く贈与対策

　これは、贈与税の税率構造を利用して、高額の暦年課税で税金の軽減効果を図っていく対策です。

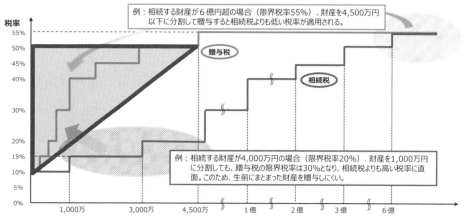

例：相続する財産が6億円超の場合（限界税率55%）、財産を4,500万円以下に分割して贈与すると相続税よりも低い税率が適用される。

例：相続する財産が4,000万円の場合（限界税率20%）、財産を1,000万円に分割しても、贈与税の限界税率は30%となり、相続税よりも高い税率に直面。このため、生前にまとまった財産を贈与しにくい。

（備考）　横軸において、贈与税は「課税価格（取得財産－基礎控除額）」を、相続税は「各法定相続人の法定相続分相当額（課税遺産総額を法定相続分で按分した額）」を指す。

（第22回税制調査会 ［総22-6］財務省説明資料【資産課税（相続税・贈与税）】24頁より）

　国は格差の拡大を心配しています。なぜなら、現在の贈与制度を利用することで、富裕層の人たちばかりが節税できてしまっているからです。この状況について、国は「これは不公平ではないか」と難色を示していました。そこで、格差拡大の是正を大義名分に、贈与税の改正に踏み切ったわけです。

　国が懸念しているのは、上図でいうところの左上の△で示した部分（筆者追記）の暦年課税です。つまり、高い相続税の税率を適用される人が、相続税よりも低い税率の範囲で暦年課税を実行すると、節税効果を生み出すことができるのです。

たしかに、現行の相続税と贈与税の税率構造を考慮すると、一定の資産を持っている人が、110万円の基礎控除の範囲で贈与を繰り返すだけでは、十分な税金の削減効果は期待できないでしょう。むしろ、高額贈与を実施したほうが、節税効果は大きくなります。

　たとえば、子供2人に対して、300万円とか500万円を10年にわたって贈与した場合を考えてみてください。このような贈与は、税金負担の大幅な軽減をもたらします。

高額の暦年贈与の節税効果やいかに？

　それでは、具体的に子供2人に高額贈与をした場合を比較してみましょう。10年間、暦年課税で財産を贈与したとします。

相続財産	10年贈与のうち7年加算	10年贈与のうち3年加算	10年贈与のうち加算なし
2億円 （6,200万円贈与）	△468万円	△1,022万円	△1,420万円
3億円 （6,200万円贈与）	△664万円	△1,456万円	△2,040万円
5億円 （10,200万円贈与）	△1,122万円	△2,446万円	△3,370万円
6億円 （10,200万円贈与）	△1,122万円	△2,513万円	△3,590万円

- 6,200万円＝310万円×2人×10年
- 10,200万円＝510万円×2人×10年
- 相続人は成人した子2人のみ。その他の控除等については考慮せず
- 7年加算のケースについては、加算期間の延長4年分にかかる贈与財産を相続財産から100万円控除

　生前贈与加算が7年分対象になってしまった場合と、3年ですんだ場合、最後の贈与から10年が経過して加算の影響を受け

ずにすんだ場合の３つのパターンについて、まったく贈与を行なわなかった場合と比べてみました。最終的に、税金（相続税＋贈与税）がどの程度削減されるか、比較してみます。

 ## ２億円のケースでは節税効果は1,420万円！

相続財産が２億円のケースで確認してみましょう。子供２人に310万円ずつを10年間、合計6,200万円を暦年課税制度で贈与してみた場合です。

このケースに関しては、最後に贈与をした年から10年経ってしまえば、何も贈与しなかった場合と比べて、1,420万円も税金が減ることになります。

そうであるならば、暦年課税で贈与対策を始めるのは、いまがチャンスです。人生100年時代です。60歳や70歳から始めれば、70歳や80歳の段階で、贈与対策を完了させることができます。その結果、10年間でこれだけの節税効果を出すことができるわけです。

 ## 最も効果的な節税対策は、国が望まない対策

どれぐらいの資産のボリュームかによって、実施すべき贈与対策の方法も変わってきます。

上記のケースのように、税金の軽減効果を目的とするのであれば、高額の暦年課税での贈与を早く始めて、税金の負担を軽減させていく方法もあります。国としては、この対策をやってほしくないわけです。資産家の人たちばかりが、すごい節税対策を実現できてしまうからです。

ここで紹介した方法は、国の意向に逆らわず、国が懸念している最も効果が高い高額贈与を積極的に実施することで、資産家にとって有利な節税対策を進めるプランです。

生前贈与という
高利回りの運用方法

 資産運用の手段にも使える高額の暦年贈与

　生前贈与といえば、相続対策の方法の1つだと思いますよね。でも、生前贈与は見方を変えれば、ものすごく利回りの高い運用手段という考え方もできるのです。では、具体的に確認してみましょう。

　相続財産が2億円の父親から、相続人である2人の子供へ暦年課税で1年あたり310万円の贈与を10年間行なったケースです。早くからの贈与の実行が功を奏して、生前贈与加算の対象にはならなかったとします。

310万円×10年×2人

父 → 6,200万円 子2人

贈与をしなかった場合	
贈与財産：	0円
相続財産：	2億円
贈 与 税：	0円
相 続 税：	3,340万円
税額合計	3,340万円

贈与を実行した場合	
贈与財産：	6,200万円
相続財産：1億3,800万円	
贈 与 税：	400万円
相 続 税：	1,520万円
税額合計	1,920万円

なんと、税負担の差額は1,420万円！

　このケースでは、前項の10-2項で示したとおり、最終的に税金（相続税＋贈与税）は1,420万円も減らすことができました。

この「税金が減った」というのは、別の言い方をすると、「1,420万円が手元に残った」ということです。

これは、お金を国に取られずに、その分を追加で子供へ渡すことができることを意味します。つまり、実質的に手元のお金が1,420万円増えたということです。

 ## 高額の暦年贈与の驚きの利回り

この1,420万円の増加はどこからきたのでしょうか？

それは、6,200万円を暦年課税で贈与したら、つまり、親から子供へお金を6,200万円動かした成果として、1,420万円を増やせたわけです。

少し山っ気のある言い回しになりますが、これを運用にたとえてみると、「6,200万円を運用して1,420万円の利益を得た」ことと同じではありませんか？

お金を6,200万円動かしたら、1,420万円増やせたのです。その利回りたるや、いくらになるかというと…。

$$1,420万円 ÷ 6,200万円 ≒ 22.9\%$$

ちょっと、すごい数字が出てきますね！

しかし、この「贈与」という特別な運用は、誰でもできるものではありません。大切な資産を築き上げ、家族のために守り続けてきたあなただからこそ実現できる方法です。

こんなふうに考えてみると、生前贈与のイメージも変わってきませんか？

生前贈与で実現可能！
資産所得倍増プラン

家族で進める相続対策ならぬ資産運用

　高額の暦年贈与の運用効果も、ここでお終いにしたらもったいない話です。

　贈与で資金や資産をもらった子供や孫が、それを上手に活用や運用することで、さらに増やせたとしたらどうでしょうか？

資産所得倍増計画？

　贈与で増えて、その後の活用・運用でも増やすことができれば、「資産所得倍増計画」なんて話も、あながち夢ではありません。

　ただし、これを実現するためには、親子で目的を共有し、一緒に対策を行なっていく必要があります。

命令でも強制でもない想いの共有

　本来、生前贈与だけを切り取れば、「あげた後のことはあずかり知らない」というのが基本的なスタンスです。

　また、子供からしても、もらった後のお金の使い道は「そんなの自分の勝手でしょ」でいいはずです。

　でも、大事なお金や資産です。財産を贈与した親としては、少しでも有効に使ってほしいと願っています。

　子供だって、これからのことを考えて、贈与でもらったお金や資産は上手に使っていきたいし、増やせるものなら増やしていきたいという想いを持っています。

　お互いに重なる気持ちがあるならば、親子が一枚岩になることで、効率よく成果を出していくことができるはずです。

　そのためにも、ぜひ、家族で自分の想いや考えを伝えあって、さらなる効果の実現をめざしてください。

　親はお金や資産を自分の手元に、ただとどめ置くのではなく、生前贈与で上手に渡して、子供と一緒に、資産形成の原資として活用していきましょう！

減らないなら増やす
相続時精算課税制度の新発想

節税よりも資産拡大の新しい発想

相続時精算課税制度の2,500万円の特別控除とは、つまるところ、相続財産の前渡しです。

そういった意味では、贈与財産が値上がりした場合に、相続時の課税価格の上昇を抑えることはできますが、実質的な節税効果は期待できません。

しかし、2,500万円までは贈与の際に税金がまったくかからないのですから、むしろ、節税を目的とするのではなく、この2,500万円を増やしていくという発想が必要です。

手元に置いてあるけど使う予定のないお金、将来、家族に渡したいお金、自分の緊急時に使いたいお金…。これらのお金をどう使うか、どう増やすかを考えるときに、相続時精算課税制度の特別控除は大きな役割を果たします。

価値は「もらう時期」と「使い方」で変わる

贈与の成立には、双方向での意思疎通が必要です。仮に、2,500万円を相続時精算課税制度で贈与する場合には、贈与に先立ち、贈与資金の運用や活用方法、緊急時の対応策など、双方が納得のいく方向性を話し合うことが重要です。

生命保険などを上手に活用すれば、2,500万円を2倍程度に増やすことは、決して不可能ではありません。そこで、税金を減らすのではなくお金を増やす。その方法の1つとして、相続時精算課税制度の特別控除の活用もありだと思います。

エピローグ〜むすびに代えて〜

相続対策に必要なもの。それは３つの可視化です

◎はじめるべきは３つの可視化から

　本書は、相続対策の考え方から生前贈与のしくみまで盛りだくさんの内容だったと思います。本当にお疲れさまでした。ここまで読んでいただいたあなたなら、次に何をすべきか、すでにピンときていると思います。

　そうです。やっていただくことは、すぐに子供さんの通帳へお金を振り込んでいただくことです！…違いますね。失礼しました（汗）。

　実際に取り組むべきは、お金を振り込むことでも、契約書を作成することでもありません。まずは３つの「**可視化**」です。

　具体的には、「①現在地の見える化」、「②やることのリスト化」、そして「③家族との想いの共有化」の３つです。

◎現在地の見える化（現状把握）

　月並みですが、一歩目は現状把握です。とにもかくにも、現在地が定まらなければ、前にも後ろにも進むことはできません。

　いま、お金はいくらあるのか、どんな資産を持っているのか。ここをハッキリさせないままで先のことを考えるから、不安ばかりが募ってしまうのです。

　ダイエットをしたいなら体重計に乗る。ドライブに行くならカーナビで現在地を確認する。外食に出かけるならお財布の中身を確認する――全部同じです。

相続対策を始めたいなら、生前贈与を検討するなら、まずは資産状況を「見える化」することです。

◎やることのリスト化

現在地の見える化が完了したら、次は「やりたいこと」と「やらねばならないこと」のリストアップです。

まず、「やりたいこと」については、悔いのない人生を送るために、自分が実現したいことをあげてみましょう。この部分は、思いっきり自分本位で書いてしまってかまいません。

それができたら、「やらねばならないこと」を現実的な側面からリスト化します。好きなことを実現するためには、備える部分も欠かせません。たとえば、健康や介護のことなど、必要な事項を書き出します。

そして、リストが作成できたら、それぞれの項目に金額を書き添えてみましょう。必要なお金を明確にして、具体的な計画を立てていきます。そのなかで、実行が難しいと思われることが出てきた場合は、スケールや優先順位を変更するなど、楽しみながらリストを最適化してください。

◎家族との想いの共有化

「やることのリスト」が完成したら、それを家族と共有します。自分の思いを率直に伝え、家族の意見や感じていることも受け入れることが大切です。相続対策は自分本位で考えますが、自分勝手な判断や行動は避けるべきです。

想いを共有することで、家族間での誤解や不信感を除き、円滑に対策を進めることができます。相続対策は、親が勝手にやるものではありません。家族で一緒にやるものです。

「言うは易く、行なうは難し」想いの共有化への提言

◎想いの共有なんて簡単に言いましたが…

「いやいや、だから想いの共有化が大変なんだって！」

こんなツッコミやお叱りの声が聞こえてきそうです。

たしかに、家族での話し合いも、やるとなれば、なかなか簡単ではありません。そこで、想いの共有化ならぬ「家族会議」のポイントについてまとめてみました。

◎家族会議の機会をどう設けるか

最初で最大の障壁は、どうやって話し合いの声をかけるかという点にあります。このことについては、親の立場か子供の立場かで随分、勝手が変わってきます。

①親からのアクション

相続の話題は、子供からは持ちかけにくいものです。勘違いを避け、家族の誤解を招かないためにも、親から率先して声をかけ、話し合いの機会を設けることが望ましいです。

②子供からの第一歩

親への相続の話はどうしても慎重になりがちです。親の財産を狙っていると思われるのでは？　といった感じで気後れしてしまいます。そこで、親の将来を案じることから話を始め、親の生活について一緒に考える姿勢を見せることが大切です。

◎異なる価値観の尊重

親子であっても、価値観や考え方が異なるのは当たり前です。生きてきた時代や背景、現在の状況も異なるからです。この点を双方があらかじめ十分に認識しておく必要があります。

大事なことは、一方的に考えや意見を述べるのではなく、相手の考えや立場を理解する意識をもつことです。

◎相続セミナーや書籍をきっかけにする

いきなり当事者だけで話し合うのはハードルが高いかもしれません。そこで、相続セミナーへ家族で一緒に参加してみるのもお勧めです。一度、親子で相続の話を聞いてみてはいかがでしょうか?

最近は対面だけでなく、オンラインによるセミナーもたくさん開催されています。遠方に住んでいる家族が、一緒に視聴できるセミナーも珍しくありません。

◎家族会議にはオブザーバー（第三者）にも参加してもらう

もう1つお勧めなのが、家族会議へのオブザーバーの参加です。不思議なことに、びっくりするくらい家族で相続の話はできないものです。話をしたらしたで、意見が衝突して喧嘩になってしまったりと、上手くいかないことが多いのです。

そんなときに、第三者に同席してもらうことで、話し合いをスムーズに進めることが可能になります。親子だけよりも、モノが言いやすかったりします。

他には、第三者から言いにくいことをいってもらうとか、話の交通整理をお願いしたりといった形で参加してもらいます。

同席してもらう人は、お付き合いのある銀行や保険会社の担当者、税理士などの士業やファイナンシャルプランナー（FP）など、中立的な立場の人がよいでしょう。

ぜひ、家族の話し合いの場へのオブザーバーの同席についても検討してみてください。

村上正城（むらかみ　まさき）

1972年生まれ。名古屋市在住。税理士・行政書士・CFP・家族信託専門士・名古屋経済大学大学院客員教授。17歳、20歳、34歳の3回にわたって相続を経験。祖父の相続をきっかけに税理士の道を志す。会計事務所や監査法人トーマツ（現、デロイトトーマツ税理士法人）勤務を経て、2004年に税理士村上正城事務所を開業。開業後は株価評価や企業組織再編などの実務経験を活かし、相続税申告や事業承継対策、起業支援を中心に事業を展開。現在は、業務を通じて得た専門家の視点、自らが直面した相続人の視点、そしてビジネス現場での営業マンの視点を活かし、生前贈与や遺言などの活用セミナーを積極的に行なっている。セミナーでは、わかりやすい語り口と視覚的なパネルを用いた独自のアプローチが評価され、50以上の金融機関等から講演依頼を受ける。登壇実績は1,500回以上にのぼり、参加者へ相続や老後対策を始める動機づけを提供するセミナーとして定評がある。現在、金融機関において最も多く相続セミナーを行なう専門家である。

相続対策は自分のために考えよう！
常識を変える生前贈与の活用法

2023年12月15日　　初版発行

著　者　村上正城
発行者　吉溪慎太郎

発行所　株式会社アニモ出版
　　　　〒162-0832 東京都新宿区岩戸町 12 レベッカビル
　　　　TEL 03(5206)8505　FAX 03(6265)0130
　　　　http://www.animo-pub.co.jp/

相続・贈与
知らないと損する㊩ガイド

【改訂4版】弓家田 良彦 著 定価 1980円

モメない相続のしかたからカシコイ節税対策まで、相続・贈与に関するあらゆる疑問にズバリ答え、相続で損をしない知恵とテクニックを網羅。令和5年改正を織り込んだ最新版！

定年前後の知らなきゃ損する
手続き㊩ガイド

【改訂4版】土屋 信彦 著 定価 1760円

継続再雇用、転職、起業、個人事業、パート勤務、リタイアして悠々自適…あらゆるケースに応じた、退職手続から年金、雇用保険、医療保険、税金までトクするやり方がわかる本！

定年前にやらないと損する
定年後のお金㊩ガイド

蓑田 真吾 著 定価 2200円

退職金や医療保険、失業保険、年金などに関する素朴な疑問や悩みに対して、Q&A方式でズバリ回答。老後の経済的不安が解消するし、会社の人事・労務担当者も活用できる本！

図解でわかる金融のしくみ
いちばん最初に読む本

【改訂2版】神谷 俊彦 監修 定価 1760円

金利・為替の基礎知識から暗号資産・フィンテックの最新技術まで、金融のしくみの基本中の基本を初めての人でも理解できるように、図解を交えてやさしく解説した超・入門書。

定価変更の場合はご了承ください。